AF202996

Michael Ende

Jim Knopf und Lukas
der Lokomotivführer

Michael Ende

Jim Knopf und Lukas der Lokomotivführer

Bearbeitet von:
Achim Seiffarth

Ernst Klett Sprachen
Stuttgart

Wie ist dieses Buch aufgebaut?

Jeweils am Seitenende werden mit Sternchen markierte Wörter erklärt. Zusätzlich gibt es zu jedem Kapitel Übungen zum Leseverstehen ab Seite 112 und dazu Lösungen auf Seite 127. Die Übungen sind mit diesem Symbol gekennzeichnet: Übungen

1. Auflage   4 | 2025

Alle Drucke dieser Auflage sind unverändert und können im Unterricht nebeneinander verwendet werden.
Die letzte Zahl bezeichnet das Jahr des Druckes. Das Werk und seine Teile sind urheberrechtlich geschützt. Jede Nutzung in anderen als den gesetzlich zugelassenen Fällen bedarf der vorherigen schriftlichen Einwilligung des Verlages.

© 1960 by Thienemann in der Thienemann-Esslinger Verlag GmbH, Stuttgart
Die vollständige Ausgabe von „Jim Knopf und Lukas der Lokomotivführer" von Michael Ende, illustriert von F. J. Tripp ist im Thienemann-Esslinger Verlag erschienen.
www.michaelende.de
© Ernst Klett Sprachen GmbH, Rotebühlstraße 77, 70178 Stuttgart 2020
Alle Rechte vorbehalten. Die Nutzung der Inhalte für Text- und Data-Mining ist ausdrücklich vorbehalten und daher untersagt.
www.klett-sprachen.de

Textbearbeitung und Didaktisierung: Achim Seiffarth
Redaktion: Carina Janas, Wortwelt wunderbunt
Reihenkonzept: Sebastian Weber
Layoutkonzeption: Sabine Kaufmann
Illustrationen von F. J. Tripp: © 1960 by Thienemann in der Thienemann-Esslinger Verlag GmbH, Stuttgart
Satz: Satzkasten, Stuttgart
Umschlaggestaltung: Sabine Kaufmann
Titelbild von F. J. Tripp: © 1960 by Thienemann in der Thienemann-Esslinger Verlag GmbH, Stuttgart
Druck und Bindung: Elanders Waiblingen GmbH, Waiblingen

Printed in Germany
ISBN 978-3-12-674103-3

Inhalt

Erstes Kapitel
in dem die Geschichte anfängt

Das Land, in dem Lukas der Lokmotivführer lebt, heißt
Lummerland und ist sehr klein. Es ist sogar sehr sehr klein,
viel kleiner als zum Beispiel Deutschland oder Afrika
oder China. Es ist vielleicht zweimal so groß wie unsere
Wohnung.
Was es da gibt? Einen Berg mit zwei Gipfeln[1], einem hohen
und einem, der etwas weiter unten ist. Es gibt auch eine
Eisenbahn[2] in Lummerland. Sie fährt durch viele Kurven
und Tunnels durch den Berg. Häuser gibt es natürlich
auch in Lummerland. Eines ist ein ganz normales Haus,
im anderen ist ein Laden. Dann gibt es noch eine kleine
Bahnstation, die am Fuß des Berges liegt. Dort wohnt
Lukas der Lokomotivführer. Und oben auf dem Berg
zwischen den zwei Gipfeln steht ein Schloss. Man sieht
also, das Land ist sehr voll. Es ist nicht mehr viel Platz
da. Wichtig ist vielleicht noch etwas: Wo Lummerland zu
Ende ist, bekommt man nasse Füße. Das Land ist nämlich
eine Insel. Diese Insel liegt mitten im Ozean und man hört
Tag und Nacht das Meer.
Hier also lebt Lukas der Lokomotivführer mit seiner
Lokomotive. Die Lokomotive heißt Emma und ist eine
sehr gute, wenn auch vielleicht etwas altmodische Tender-
Lokomotive[3]. Vor allem ist sie ein bisschen dick.

---

1 **der Gipfel:** höchster Punkt eines Berges
2 **die Eisenbahn:** der Zug
3 **die Tender-Lokomotive:** fährt mit Kohle; s. S. 21

Jetzt möchte man natürlich wissen: Warum braucht ein so kleines Land eine Lokomotive? Also, ein Lokomotivführer braucht eben eine Lokomotive, denn was soll er sonst führen[1]? Vielleicht einen Fahrstuhl[2]? Aber er ist ja kein Fahrstuhlführer. Ein richtiger Lokomotivführer will Lokomotivführer sein und sonst gar nichts. Außerdem gibt es auf Lummerland auch gar keinen Fahrstuhl.

Lukas der Lokomotivführer ist ein kleiner, etwas rundlicher Mann. Er trägt eine Lokomotivführermütze und einen Arbeitsanzug. Seine Augen sind so blau wie der Himmel über Lummerland bei Schönwetter. Aber sein Gesicht und seine Hände sind fast ganz schwarz von Öl und Ruß[3]. Er wäscht sich jeden Tag mit einer besonderen Lokomotivführerseife, aber der Ruß bleibt. Doch wenn er lacht – und das tut er oft – sieht man in seinem Mund wunderbare weiße Zähne. Außerdem trägt er im linken Ohr einen kleinen goldenen Ring und raucht aus einer dicken kurzen Pfeife.

Jeden Tag fährt Lukas viele Male durch die Tunnels von einem Ende der Insel zum anderen und wieder zurück. Niemals passiert etwas Interessantes.

Außer Lukas und Emma gibt es auf Lummerland noch ein paar Leute. Da sind zum Beispiel der König, der das Land regiert und in dem Schloss zwischen den beiden Gipfeln wohnt. Er ist ein guter König. Wenigstens kann niemand etwas Schlechtes von ihm sagen, weil man eigentlich gar nichts von ihm sagen kann. Meistens sitzt er mit seiner

---

1 **führen:** den Weg zeigen, vorangehen; hier: die Lokomotive fahren
2 **der Fahrstuhl:** der Aufzug
3 **der Ruß:** schwarzes Pulver aus dem Kohleofen

Krone[1] auf dem Kopf in seinem Schloss und telefoniert. Dafür hat er ein großes, goldenes Telefon.

Der König hat zwei Untertanen[2] – außer Lukas, der eigentlich kein Untertan ist. Er ist ja Lokomotivführer. Der eine Untertan ist ein Mann namens Herr Ärmel. Er wohnt in einem ganz normalen Haus und hat keinen besonderen Beruf. Er geht nur spazieren und ist einfach da. Er ist vor allem Untertan und der König regiert ihn. Mehr ist von Herrn Ärmel nicht zu erzählen.

Der andere Untertan ist eine Frau, eine ganz besonders nette. Sie ist rund und dick, wenn auch nicht ganz so dick wie Emma, die Lokomotive. Sie heißt Frau Waas, mit zwei a. Wahrscheinlich hat eine ihrer Großmütter schlecht gehört und immer ›Waas?‹ gefragt, und das ist noch heute ihr Familienname. Frau Waas wohnt in dem Haus mit dem Kaufladen, wo man alles kaufen kann, was man so braucht: Süßigkeiten, Zeitungen, Schuhbänder, Milch, Butter, Spinat, Taschenlampenbatterien, Portemonnaies, Reiseandenken[3] – kurz: alles.

Es ist ein ruhiges Leben auf Lummerland, bis eines Tages – ja, und so beginnt unsere eigentliche Geschichte.

 **Übungen**

---

1 **die Krone:** hat der König auf dem Kopf; s. S. 10
2 **die Untertanen:** Personen, die vom König regiert werden
3 **das Reiseandenken:** Souvenir; ein kleines Geschenk, das man von einer Reise mitbringt

Zweites Kapitel
in dem ein geheimnisvolles[1] Paket ankommt

Eines schönen Tages kommt das Postschiff und der Briefträger[2] geht mit einem großen Paket unter dem Arm an Land.

»Wohnt hier eine Frau Malzaan oder so ähnlich?«, fragt er.

Lukas schaut Emma an[3], Emma schaut die beiden Untertanen an, die beiden Untertanen schauen sich an und sogar der König steht am offenen Fenster und schaut.

»Lieber Herr Briefträger«, sagt der König ein wenig verwirrt, »seit Jahren bringen Sie uns die Post. Sie kennen mich und meine Untertanen genau und da fragen Sie plötzlich, ob hier eine Frau Malzaan oder so ähnlich wohnt!«

»Aber bitte, Majestät«, antwortet der Briefträger, »lesen Sie doch selbst, Majestät!«

Und er geht schnell zum Schloss auf dem Berg und gibt dem König das Paket durchs Fenster. Der König liest die Adresse, dann nimmt er seine Brille und liest die Adresse zum zweiten Mal.

„Ja, das verstehe ich nicht.“

»Was denn?«, fragt Lukas.

Der König liest die Adresse vor, so gut es geht: »An fRAau MAlTsAn – XummrLanT – AlTE sTRsE 133 – TRITE ETAsE lInxs«

»Eine komische Adresse!«, meint Herr Ärmel.

---

1 **geheimnisvoll:** etw. für das es keine Erklärung gibt
2 **der Briefträger:** Person, die die Post / Briefe zu den Leuten bringt
3 **anschauen:** ansehen

»Ja«, ruft der Briefträger ganz böse, »man kann sie kaum lesen, so viele Fehler! So macht man uns Briefträgern das Leben schwer. Und wer ist der Absender?«

Der König sucht nach dem Absender.

»Hier steht nur eine große 13«, sagt er und sieht den Briefträger und seine Untertanen an.

»Sehr sonderbar[1]!«, findet Herr Ärmel.

»Also dann«, sagt der König, »sonderbar oder nicht, XUmmrLanT kann doch nur Lummerland heißen! Jemand von uns muss Frau Malzaan oder so ähnlich sein.«

»Ja, aber«, ruft Frau Waas, »es gibt doch auf unserer ganzen Insel keine dritte Etage[2].«

»Das ist richtig«, sagt der König.

»Und eine alte Straße haben wir auch nicht«, meint Herr Ärmel.

»Auch das ist leider richtig«, antwortet der König.

»Und eine Nummer 133 haben wir schon gar nicht«, weiß Lukas und setzt seine Mütze auf.

»Sonderbar!«, findet der König.

»Gut«, sagt der Briefträger endlich, »ich habe jetzt keine Zeit mehr. Ich lasse Ihnen das Paket einfach mal da. Vielleicht finden Sie Frau Malzaan oder so ähnlich doch noch. Ich komme dann nächste Woche wieder und wenn Sie die Frau nicht gefunden haben, nehme ich das Paket wieder mit.«

Dann springt[3] er auf sein Postschiff und fährt weg.

---

1 **sonderbar:** komisch, seltsam
2 **die Etage:** der (das) Stock(werk); in einem Haus: 1. / 2. / 3. Etage
3 **springen:** großer Schritt; die Füße sind nicht mehr auf der Erde

Was sollen Sie jetzt mit dem Paket machen? Die Untertanen und Lukas diskutieren lange. Dann kommt der König wieder ans Fenster und sagt: »Ich habe nachgedacht und telefoniert und denke: Frau Malzaan oder so ähnlich ist sicher eine Frau. Es gibt aber nur eine Frau auf Lummerland, soviel ich weiß, und das ist Frau Waas. Also ist das Paket vielleicht für sie. Ich, der König, sage also: Öffnen Sie das Paket, Frau Waas!«

Die Untertanen finden die Idee des Königs gut und Frau Waas macht sofort das Paket auf. Erst kommt das Packpapier[1] weg. Da steht ein Paket mit Löchern! Und in diesem Paket – liegt ein kleineres Paket, wieder mit Löchern. Schnell macht Frau Waas auch dieses Paket auf und da liegt: ein kleines schwarzes Baby! Es schaut alle mit großen Augen an und lacht.

»Ein Baby!«, rufen alle aufgeregt. »Ein schwarzes Baby!«

1 **das Packpapier:** dickes Papier um ein Paket

Frau Waas nimmt das Kind schnell auf den Arm. Sie ist sehr glücklich, denn sie wünscht sich schon immer ein Kind.

»Wie soll es denn heißen?«, fragt der König plötzlich. »Das Kind muss doch einen Namen haben.«

Das ist richtig, es braucht einen Namen. Alle denken nach. Endlich sagt Lukas: »Ich möchte es Jim nennen, denn es ist ein Junge.«

Dann fragt er das Baby: »Na, Jim, wollen wir Freunde sein?«

Er nimmt die kleine schwarze Hand des Babys in seine große schwarze Hand und sagt: »Hallo, Jim!«

Und Jim lacht. Von diesem Tag an sind sie Freunde.

Eine Woche später kommt der Briefträger wieder. Frau Waas geht zum Ufer¹ und ruft: »Sie können weiterfahren! Es ist alles in Ordnung. Das Paket war für mich!«

Frau Waas läuft schnell in ihr Haus mit dem Kaufladen und tanzt mit Jim auf dem Arm durchs Zimmer. Aber auf einmal muss sie daran denken, dass Jim in Wirklichkeit doch nicht ihr gehört und sie vielleicht etwas Böses tut. Und das macht sie sehr traurig. Sie will Jim die Wahrheit² sagen, aber nicht heute – später.

Jetzt hat Lummerland also einen König, einen Lokomotivführer, eine Lokomotive und zweieinviertel Untertanen, denn Jim ist natürlich noch klein und kein ganzer Untertan.

Aber im Lauf der Jahre wird er groß und ein richtiger Junge, der gern Spaß macht, Herrn Ärmel ärgert und sich

---

1 **das Ufer:** das Land am Fluss oder See
2 **die Wahrheit:** was wahr ist

nicht besonders gerne waschen möchte – wie alle kleinen Jungen. Frau Waas freut sich täglich über ihn, aber sie macht sich auch oft Sorgen[1] – wie alle Mütter.

Jims bester Freund ist und bleibt Lukas der Lokomotivführer. Sie verstehen sich ohne viele Worte. Oft fährt Jim auf der Emma mit und Lukas erklärt ihm alles. Manchmal darf Jim sogar schon ein Stück weit selbst fahren.

Jetzt wissen wir eigentlich alles Wichtige über Jim und es bleibt nur noch zu erzählen, woher sein Nachname kommt. Das war so: Jim hat immer ein Loch[2] in seiner Hose und das immer an der gleichen Stelle. Frau Waas hat es schon hundertmal repariert, aber es ist immer nach ein paar Stunden wieder da. Und doch ist Jim sehr vorsichtig. Aber wenn er nur schnell einmal nach oben auf einen Baum muss oder von einem Gipfel nach unten – ratsch – schon ist das Loch wieder da. Doch Frau Waas findet eine Lösung: Sie macht einen Knopf an die Hose! Jetzt kann er das Loch öffnen und wieder zuknöpfen, wie er will. Von diesem Tag an ist Jim für alle Leute auf der Insel nur noch Jim Knopf.

 **Übungen**

---

1 **die Sorge:** ängstlicher Gedanke; Angst haben, dass jmdm. etw. Schlimmes passiert
2 **das Loch:** wo nichts ist; hier: an dieser Stelle ist die Hose kaputt

Drittes Kapitel
in dem fast etwas passiert, was Jim nicht gefällt

Die Jahre gehen vorbei und Jim Knopf ist schon fast ein
halber Untertan. Jeden Monat einmal misst[1] ihn Frau
Waas. Dann macht sie eine Linie an die Wand und jedes
Mal ist die Linie ein kleines Stückchen höher. Frau Waas
freut sich sehr. Aber einer macht sich Sorgen darüber: der
König, der das Land regieren muss.
Eines Abends ruft er Lukas den Lokomotivführer zu sich
in seinen Palast. Lukas kommt herein und sagt: »Guten
Abend, Herr König!«
»Guten Abend, mein lieber Lukas der Lokomotivführer!«
»Also«, beginnt der König, »lieber Lukas, ich weiß
nicht, wie ich es dir sagen soll. Aber ich hoffe, dass du es
verstehst.«
Lukas antwortet nicht. Warum ist der König so traurig?
Der König nimmt seine Krone in die Hand und beginnt
sie zu putzen. Dann setzt er sich die Krone wieder auf
seinen Kopf und sagt: »Mein lieber Lukas, ich habe lange
nachgedacht, und, ja, es geht nicht anders. Wir müssen es
tun.«
»Was müssen wir tun, Majestät?«, fragt Lukas.
»Habe ich das noch nicht gesagt? Nein?«
»Nein«, antwortet Lukas, »Sie haben nur gesagt, dass wir
etwas tun müssen.«
»Komisch, ich habe doch gesagt, die alte Emma muss weg.«
Hat er richtig gehört? »Was muss Emma?« fragt Lukas.

---

1 **messen:** hier: sehen wie viele Zentimeter groß Jim ist

»Weg«, antwortet der König, »ja, ja, weg. Es muss natürlich nicht sofort sein, aber doch so bald wie möglich. Ich weiß, es ist für uns alle schwer ohne Emma zu leben. Aber wir müssen es tun.«

»Niemals, Majestät!«, sagt Lukas. Und dann: »Warum denn?«

»Sieh mal«, meint der König, »Lummerland ist ein kleines Land, ein sehr kleines Land. Viel kleiner als Deutschland oder Afrika oder China. Für einen König, eine Lokomotive, einen Lokomotivführer und zwei Untertanen ist Platz. Aber wenn wir jetzt einen Untertan mehr haben …«

»Es ist aber doch nur ein halber!«, sagt Lukas.

»Jaja, aber wie lange noch? Er wird von Tag zu Tag größer. Ich muss an unser Land denken, dafür bin ich der König. Bald ist Jim Knopf ein ganzer Untertan. Und dann will er sich doch ein eigenes Haus bauen. Sag mir bitte, wo sollen wir noch ein Haus hinstellen? Es ist doch kein Platz mehr da, weil alles voller Gleise[1] ist. Es hilft nichts.«

»Das ist wirklich blöd!«, findet Lukas.

»Siehst du«, spricht der König weiter, »Emma, die Lokomotive, muss weg! Oder einer von uns muss auswandern, wenn Jim Knopf ein ganzer Untertan ist. Du bist doch Jims Freund, lieber Lukas. Willst du, dass der Junge von Lummerland weggehen muss, wenn er groß geworden ist?«

»Nein«, sagt Lukas traurig. Und nach einer kleinen Pause sagt er noch: »Aber ohne Emma kann ich auch nicht leben. Was ist denn ein Lokomotivführer ohne Lokomotive?«

---

1 **das Gleis:** Autos fahren auf Straßen, Züge auf Gleisen

»Also«, meint der König, »denke einmal darüber nach. Wir müssen etwas tun«

Und er gibt Lukas die Hand, denn das Gespräch ist beendet. Lukas geht langsam zu seiner kleinen Station, wo Emma, die Lokomotive, steht und auf ihn wartet. Er setzt sich und denkt nach. Lukas ist traurig. Dann sagt er leise: »Gut. Wir gehen. Alle beide.«

Er steht auf, geht zu Emma und sieht sie an.

»Es ist wegen Jim Knopf, verstehst du?«, sagt er zu ihr. »Er ist bald ein ganzer Untertan und dann ist hier für einen von uns kein Platz mehr. Da sollst du weg. Aber wenn du wegmusst, dann gehe ich mit, das ist doch klar. Was soll ich denn ohne dich machen?«

Plötzlich fragt jemand von oben: »Was is' los?«

Es ist Jim Knopf. Er hat auf Lukas gewartet und ist im Kohlentender eingeschlafen. Dann hat er Lukas gehört und ist aufgewacht. Er hat alles verstanden.

»Hallo, Jim!«, ruft Lukas. »Oh, du hast alles gehört? Du sollst alles wissen. Ja, Emma und ich, wir beide gehen weg. Für immer. Es muss sein.«

»Wegen mir?«, fragt Jim.

»Der König hat Recht«, sagt Lukas, »Lummerland ist einfach zu klein für uns alle.«

»Und wann wollt ihr weg?«

»Ich denke, wir fahren gleich heute Nacht«, antwortet Lukas.

Jim denkt nach. Dann ist er sich sicher: »Ich fahr mit.«

»Aber Jim!«, ruft Lukas. »Das geht nicht. Was soll Frau Waas dazu sagen?«

»Am besten fragen wir sie gar nicht«, antwortet Jim. »Ich lege ihr einen Brief auf den Küchentisch, in dem ich alles erkläre.«

»Du kannst doch gar nicht schreiben«, sagt Lukas.

»Dann zeichne ich einen Brief«, erklärt Jim.

»Nein, mein Junge, ich kann dich nicht mitnehmen. Denk doch mal nach, Jim! Emma soll ja gerade weg, weil du Platz brauchst. Wenn du jetzt gehst, dann hat alles keinen Sinn.«

»Nein«, sagt Jim, »wir drei bleiben zusammen. Hier bleiben können wir nicht. Dann gehen wir eben – alle drei.«

Lukas legt seinem Freund die Hand auf die Schulter[1].

»Gut! Also um Mitternacht hier.«

»In Ordnung«, antwortet Jim.

Jim will schon weggehen, aber Lukas möchte ihm noch etwas sagen.

»Jim Knopf«, sagt Lukas, »du bist wirklich der feinste kleine Junge, den ich in meinem Leben gesehen habe.«

Dann geht er weg. Jim sieht ihm nach, dann läuft auch er nach Hause. Jetzt muss er an Frau Waas denken. Und er ist beides, glücklich und traurig im gleichen Moment.

 **Übungen**

---

1 **die Schulter:** am Körper, der Teil zwischen Hals und Oberarm

Viertes Kapitel
in dem ein komisches Schiff in See geht und Lukas versteht, dass Jim ein guter Freund ist

»Ich bin sehr müde«, sagt Jim nach dem Abendessen, »Ich will gleich ins Bett gehen«.
»Komisch«, findet Frau Waas. »Sonst willst du doch nie ins Bett?«
Sie geht noch einmal zu ihm, wie jeden Abend, gibt ihm einen Gutenachtkuss und macht das Licht aus.
Es ist schon spät. So lange bleibt Jim sonst nicht auf. Er kann die Augen nicht offenhalten. Sie fallen ihm immer wieder zu. Er will nicht, aber dann schläft er ein.
Plötzlich wird er wach. Das Zimmer ist hell vom Mond. Wie spät ist es? Schläft Frau Waas schon? Ist es nach Mitternacht und Lukas ist schon weg?
In diesem Augenblick[1] schlägt die Turmuhr[2] auf dem königlichen Palast zwölf Mal.
Jim springt aus dem Bett, zieht sich an und will durchs Fenster – Halt! Der Brief! Den Brief an Frau Waas muss er noch zeichnen! Schnell reißt Jim ein Blatt aus seinem Heft und zeichnet darauf:

Das heißt: Ich bin mit Lukas dem Lokomotivführer auf Emma weggefahren.

---

1 **der Augenblick:** der Moment; eine sehr kurze Zeit
2 **die Turmuhr:** Uhr an einem Turm; Turm: ein sehr hohes Gebäude, oft an Burgen oder Schlössern

Und dann zeichnet er noch schnell darunter:

  Das heißt: Mach dir keine
Sorgen!

Und am Ende zeichnet er noch ganz
schnell dies hier:
Das soll heißen: Es küsst dich dein Jim.
Dann steigt er schnell und leise zum Fenster hinaus. Jim
läuft an den Bahnhof. Emma, die Lokomotive, ist nicht
mehr da. Auch Lukas ist nicht zu sehen. Schnell läuft Jim
zur Landesgrenze. Da sieht er Emma, die schon im Wasser
schwimmt. Oben auf ihr sitzt Lukas der Lokomotivführer.
Er hängt gerade ein Segel¹ an den Mast² auf dem
Führerhäuschen.
»Lukas!«, ruft Jim. »Warte doch, Lukas! Ich bin doch da!«
Lukas sieht auf.
»Jim Knopf!«, sagt er. »Du kommst also doch!«
Jim läuft durch das Wasser zur Lokomotive, nimmt Lukas'
Hand und springt auf.
»Der Brief! Ohne den Brief konnte ich nicht weg!«
»Ich bin sehr froh, dass du da bist! Und wie gefällt dir
unser Schiff?«
»Super!«, sagt Jim.
»Was meinst du?«, fragt Lukas, »fahren wir jetzt ab?«
»In Ordnung«, antwortet Jim.

---

1 **das Segel:** (weißer) Stoff auf Schiffen, für den Wind; s. S. 21
2 **der Mast:** „Baum", der das Segel hält; s. S. 21

Lukas setzt das Segel. Das seltsame[1] Schiff fährt langsam los. Lukas legt seinen Arm um Jims Schulter und beide sehen zu, wie Lummerland immer kleiner wird.

»Traurig?«, fragt Lukas leise.

»Es geht schon«, antwortet Jim.

»Am besten, wir sehen nicht länger zurück«, meint Lukas.

»Das ist sicher das beste!«, findet auch Jim.

Sie sehen jetzt beide nach vorne. So fahren sie im Mondlicht hinaus aufs Meer. Bald hört man sie wieder lachen.

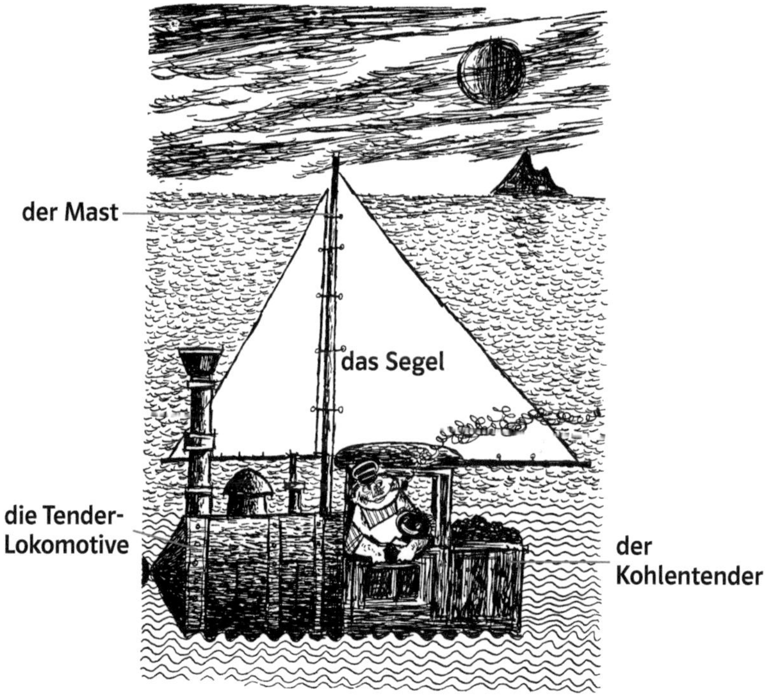

der Mast

das Segel

die Tender-Lokomotive

der Kohlentender

 **Übungen**

---

1 seltsam: komisch, nicht normal

Fünftes Kapitel

in dem die Seereise endet und Jim durchsichtige[1]
Bäume sieht

Die Reise ist ruhig. Zum Glück bleibt das Wetter meistens
freundlich. Ein leichter Wind bringt sie Tag und Nacht
weiter.

»Ich möcht nur wissen«, meint Jim manchmal, »wo wir
eigentlich hinfahren.«

»Keine Ahnung«, antwortet Lukas dann. »Das sehen wir
noch früh genug.«

Wenn die Reisenden hungrig sind, dann fischen sie sich
einfach ein paar Meerbirnen oder anderes seltsames
Obst von den hohen Korallenbäumen. Die Meeresfrüchte
schmecken gut und sind vitaminreich und sehr saftig.
Durst bekommen die beiden zum Glück niemals. Das
Meerwasser kann man ja nicht trinken, weil es ganz salzig
schmeckt.

Tagsüber erzählen sie sich etwas oder sie pfeifen[2] Lieder
oder spielen Mensch-ärgere-dich-nicht[3]. Ein Paket mit
Spielen hat Lukas nämlich mitgenommen. Es war ja klar,
dass sie eine lange Fahrt vor sich hatten.

Nachts, wenn sie schlafen wollen, öffnen sie den Deckel des
Tenders und springen nach unten in das Führerhäuschen.
Dann machen sie es sich bequem. Natürlich ist es eng da,
aber auch sehr gemütlich, wenn Emma auf dem Wasser
schaukelt[4].

---

1 **durchsichtig:** transparent; man sieht, was dahinter ist
2 **pfeifen:** mit den Lippen Musik machen
3 **Mensch-ärgere-dich-nicht:** Glücksspiel mit Würfel und Figuren
4 **schaukeln:** hin und her oder nach oben und nach unten gehen

Eines Morgens – genauer gesagt am dritten Tag der vierten Woche ihrer Reise – wacht Jim sehr früh auf. Hat er etwas gehört? »Was is' denn das?«, denkt er. »Und warum steht Emma jetzt ganz ruhig?«

Jim sieht durch eines der Fenster hinaus. Im Sonnenaufgang sieht er ein Land von wunderbarer Schönheit. Wunderbare Bäume und Blumen in den seltsamsten Farben und Formen gibt es da! Sie sehen alle durchsichtig aus, durchsichtig wie buntes Glas.

Nebel liegt über den Wiesen und da und dort gibt es einen Fluss. Feine, kleine Brücken aus Porzellan führen über diese Flüsse. Ganz in der Ferne, am Horizont, gibt es ein sehr großes Gebirge[1], die Gipfel kommen bis an die Wolken. Es ist rot und weiß. Jim schaut und schaut und steht mit offenem Mund da.

»Na«, hört er plötzlich Lukas sagen, »du machst ja kein sehr intelligentes Gesicht, alter Junge.«

»Oh, Lukas!«, sagt Jim und schaut immer noch aus dem Fenster. »Schau nur! … wie das alles durchsichtig is' und … und …«

»Wie? Durchsichtig?«, fragt Lukas. »Wasser ist, soviel ich weiß, immer durchsichtig.«

»Was für Wasser?«

Jim nimmt Lukas an der Hand: »Komm ans Fenster!«

Lukas steht auf. Und dann schaut er durch das Fenster hinaus und sieht die wunderbare Landschaft und da sagt

---

1 **das Gebirge:** alle Berge zusammen

auch er erst einmal eine ganze Weile[1] gar nichts mehr. Dann ruft er: »Donnerwetter[2]!«

»Was für ein Land kann das nur sein?«, fragt Jim.

»Diese seltsamen Bäume …«, sagt Lukas, »diese feinen Brücken aus Porzellan …?« Und plötzlich ruft er: »Ich will nicht Lukas der Lokomotivführer heißen, wenn das nicht das Land Mandala ist! Komm, Jim, hilf mir! Emma muss ganz auf den Strand.«

Sie bringen Emma aufs Trockene. Und als sie das gemacht haben, setzen sie sich erst mal hin und frühstücken in aller Ruhe. Dann raucht Lukas seine Pfeife.

»Und wohin fahren wir jetzt?«, will Jim wissen.

»Das Beste ist«, meint Lukas, »wir fahren erst mal nach Ping. So heißt, soviel ich weiß, die Hauptstadt von Mandala. Vielleicht können wir seine Majestät den Kaiser[3] sprechen.«

»Was willst du denn von ihm?«, fragt Jim.

»Ich will ihn fragen, ob er nicht eine Lokomotive und zwei Lokomotivführer brauchen kann. Dann können wir hier bleiben, verstehst du? Das Land scheint ja nicht schlecht zu sein.«

Nach kurzer Zeit kommen sie an eine breite Straße und können bequem und schnell fahren. Die Straße führt direkt nach Ping, der Hauptstadt von Mandala. Nach fünfeinhalb Stunden Fahrt sieht Jim etwas. In der Sonne sieht es aus wie Metall.

---

1 **die Weile:** eine Zeit lang
2 **Donnerwetter!:** Ausruf des Staunens / der Überraschung
3 **der Kaiser:** über dem König, z. B. Kaiser von China

»Das sind die goldenen Dächer von Ping. Wir sind also auf dem richtigen Weg«, weiß Lukas.
Und nach einer weiteren halben Stunde sind sie in der Stadt.

Übungen

Sechstes Kapitel
in dem ein Kopf Probleme macht

In Ping gibt es sehr sehr viele Menschen, die alle Mandalanier sind. Alle tragen Zöpfe und große, runde Hüte auf den Köpfen. Jeder Mandalanier hält einen anderen Mandalanier an der Hand, der etwas kleiner ist. Und der hält wieder einen an der Hand, der noch kleiner ist. Und so geht es weiter bis zum Kleinsten, der wirklich ganz klein ist.

der Zopf

Das hier ist die
Kindeskinder-Kinderaufseherin

Das sind die Mandalanier mit ihren Kindern und Kindeskindern.

Die Stadt, das sind viele tausend Häuser und jedes Haus hat viele, viele Stockwerke. Emma muss ganz vorsichtig zwischen den Menschen fahren. Sie ist sehr nervös. Ohne Pause pfeift sie, denn die Kinder und Kindeskinder müssen ihr aus dem Weg gehen. Endlich kommt sie zum Hauptplatz vor dem kaiserlichen Palast. Emma bleibt stehen und lässt den Dampf[1] ab. Die Mandalanier springen vor Angst zu allen Seiten. Sie haben noch nie eine Lokomotive gesehen.

---

1 **der Dampf:** heißes Wasser wird zu Dampf, gasförmig

Lukas raucht in aller Ruhe seine Pfeife und sagt zu Jim: »So, mein Junge, komm mit! Vielleicht ist der Kaiser von Mandala zu Hause.«

Sie steigen aus und gehen zum Palast. Zum Eingang führen neunundneunzig Treppenstufen[1] aus Silber. Neben dem Eingang hängt ein Schild aus Gold, auf dem steht:

KAISER VON MANDALA

Und unter dem Schild gibt es als Klingelknopf einen großen Diamanten.

»Donnerwetter!«, sagt Lukas der Lokomotivführer.

Dann drückt er auf den Klingelknopf. Und es öffnete sich ein kleines Loch in der großen Tür. Ein dicker Kopf schaut heraus und lacht freundlich.

Der dicke Kopf fragt: »Was wünschen die Herren?«

der Klingelknopf

---

1 **die Stufe:** bei einer Treppe geht man die Stufen hoch oder runter

»Wir sind zwei ausländische Lokomotivführer«, antwortet Lukas. »Und wir möchten gern den Kaiser von Mandala sprechen, wenn es sich machen lässt.«

»In welcher Sache wünschen Sie unseren großen Kaiser zu sprechen?«, fragt der Kopf und lacht freundlich.

»Das möchten wir ihm am besten selbst sagen«, meint Lukas.

»Leider ist es ganz unmöglich, lieber Führer einer wunderschönen Mokolotive«, sagt der Kopf leise und wird immer freundlicher, »ganz und gar unmöglich unseren großen Kaiser zu sprechen. Oder haben Sie vielleicht eine Einladung?«

»Nein«, sagt Lukas, »haben wir nicht.«

Der dicke Kopf im Loch in der Tür antwortet: »Entschuldigen Sie, aber dann darf ich Ihnen die Tür nicht öffnen. Der Kaiser hat keine Zeit.«

»Aber später«, meint Lukas, »hat er doch sicher mal Zeit für uns.«

»Es tut mir sehr leid!«, antwortet der Kopf zuckersüß. »Unser großer Kaiser hat niemals Zeit. Entschuldigen Sie mich!

Es macht ›Rumms‹ und das Loch in der Tür ist zu.

»Verflixt und zugenäht!¹«, ärgert sich Lukas.

Sie gehen die neunundneunzig Stufen aus Silber wieder hinunter.

»Und was wollen wir jetzt machen?«, fragt Jim.

»Jetzt schauen wir uns erst mal die Stadt an«, sagt Lukas. Wenn er sich ärgert, ärgert er sich nie lange. Sie gehen über den Platz, auf dem viele Menschen stehen.

---

1 **verflixt und zugenäht!:** Ausruf, wenn man sich sehr ärgert

Aus respektvoller Distanz schauen die Mandalanier die Lokomotive an.

»Hör zu, Emma«, sagt Lukas, »Jim und ich, wir gehen jetzt ein bisschen in die Stadt. Bleib schön hier, wir sind bald zurück.«

Stundenlang gehen die beiden Freunde durch die engen und bunten Straßen und sie können nicht glauben, was es da alles Seltsames zu sehen gibt. Zum Beispiel die Ohrenputzer! Die Ohrenputzer haben auf der Straße bequeme Stühle stehen, auf die muss man sich setzen. Und dann putzt einem ein Mann die Ohren.

Dann gibt es auch noch die Haarzähler, die einem die Haare auf dem Kopf zählen[1]. Denn in Mandala ist es wichtig zu wissen, wie viele Haare man hat. Natürlich dauert das oft viele Stunden. Bei manchen Leuten geht es auch sehr schnell, denn auch in Mandala kommt es vor, dass jemand nur noch drei oder zwei Haare auf dem Kopf hat. Aber es gibt noch vieles andere!

 Übungen

Siebentes Kapitel
in dem die Freunde ein Kindeskind kennenlernen

Den ganzen Tag lang gehen die beiden Freunde durch die Stadt. Die Sonne geht hinter den goldenen Dächern unter. Jetzt haben sie Hunger. Seit dem Frühstück haben sie nichts mehr gegessen.

---

1 **zählen:** 1, 2, 3 …

»Da müssen wir was tun!«, sagt Lukas. »Aber was?«

»Kann ich euch helfen?«, hören sie da plötzlich jemanden fragen.

Lukas und Jim sehen zu ihren Füßen jemand, der ist vielleicht so groß wie eine Hand. Ja, das ist sicher ein Kindeskind!

»Mein Name, ehrenwerte[1] Fremdlinge[2]«, sagt er, »ist Ping Pong.«

Er verbeugt[3] sich.

Lukas nimmt die Pfeife aus dem Mund: »Mein Name ist Lukas der Lokomotivführer.«

Und auch Jim sagt: »Ich heiße Jim Knopf.«

Wieder verbeugt sich der kleine Ping Pong und sagt: »Ich habe eure Bäuche singen hören. Es ist mir eine große Freude, euch etwas zu essen zu bringen. Bitte, wartet hier einen Moment!«

Und er läuft auf seinen kurzen Beinchen zum Palast und weg ist er. Die beiden Freunde sehen sich an.

»Und wie geht es jetzt weiter?«, fragt Jim.

»Warten wir's ab«, sagt Lukas.

Dann kommt Ping Pong zurück. Auf dem Kopf trägt er ein kleines Tischchen. Das stellte er auf den Boden[4] neben die Lokomotive. Dann legt er ein paar Kissen[5], klein wie Briefmarken, um das Tischchen herum.

»Bitte, nehmt Platz!«, sagt er.

---

1 **ehrenwert:** jemand, vor dem man Respekt hat
2 **der Fremdling:** eine fremde Person, ein Ausländer
3 **sich verbeugen:** aus Respekt mit dem Kopf nach unten gehen
4 **der Boden:** man steht mit den Füßen auf dem Boden
5 **das Kissen:** im Bett legt man den Kopf auf das Kissen; auch zum Sitzen auf dem Boden

Die beiden Freunde setzen sich auf die kleinen Kissen.

»So!«, piepst[1] Ping Pong. »Und was darf ich meinen lieben Gästen zu essen bringen?«

»Ja«, meint Lukas, »was gibt's denn?«

Der kleine Ping Pong hat eine ganze Liste: »Vielleicht hundertjährige Eier auf einem Salat aus Mäuseohren? Oder möchtet ihr lieber gezuckerte Regenwürmer in saurer Sahne? Sehr gut ist auch Baumpüree mit gebratenen Moskitoaugen.«

»Lieber Ping Pong«, sagt Lukas, »das schmeckt sicher alles sehr gut. Aber wir sind erst ganz kurz in Mandala und kennen eure Küche noch nicht. Gibt es denn nicht vielleicht etwas Einfaches?«

»Etwas Einfaches?«, fragt Ping Pong ratlos.

»Ja«, sagt Jim, »Ich meine zum Beispiel ein großes Butterbrot.«

»Ein was?«, fragt Ping Pong.

»Ein Butterbrot«, wiederholt Jim.

»Nein, das kenne ich gar nicht«, sagt Ping Pong. Eine Zeit lang denken sie nach. Plötzlich hat Lukas eine Idee: »Leute, ich hab's! Wir sind doch hier in Mandala und in Mandala gibt's Reis.«

»Reis?«, fragt Ping Pong. »Ganz normalen Reis?«

»Ja«, antwortet Lukas.

»Oh, jetzt weiß ich etwas!«, ruft Ping Pong glücklich. »Ihr bekommt eine kaiserliche Reisplatte.«

Und schon ist er wieder weg. Ping Pong kommt zurück, trägt ein paar Tellerchen und stellt sie auf den Tisch. Bald steht das ganze Tischchen voll. In jedem Schälchen gibt

---

1 **piepsen:** sprechen wie eine kleine Maus

es anders gekochten Reis und einer schmeckt besser als der andere. Es gibt roten Reis, grünen Reis und schwarzen Reis, süßen Reis, scharfen Reis und gesalzenen Reis, Reispudding, gebackenen Reis, blauen Reis und vergoldeten Reis. Sie essen und essen.

 **Übungen**

Achtes Kapitel
in dem Lukas und Jim an den Mittelpunkt der Welt kommen

»Sag mal, Ping Pong«, fragt Lukas nach einer Weile, »wo hast du eigentlich unser Abendessen geholt?«

»Aus der Küche des kaiserlichen Palastes«, antwortet er. »Seht ihr, gleich da vorne neben der Silbertreppe ist der Eingang.«

»Ja, darfst du denn einfach in den Palast?«, fragt Jim.

»Warum nicht?«, antwortet Ping Pong und macht ein wichtiges Gesicht. »Ich bin doch das zweiunddreißigste Kindeskind von Herrn Schu Fu Lu Pi Plu, dem Oberkoch.«

»Darfst du denn da einfach Essen wegholen?«, will Lukas wissen. »Ich meine, es war doch sicher nicht für uns.«

»Es war das Abendessen des großen Kaisers«, antwortet Ping Pong.

»Was?«, rufen Lukas und Jim zur selben Zeit.

»Ja«, erklärt Ping Pong, »der große Kaiser hat wieder einmal nicht essen mögen.«

»Warum denn nicht?«, fragt Jim. »Es war doch sehr gut.«

»Ja, wisst ihr denn nicht, ehrenwerte Fremdlinge, warum unser Kaiser so traurig ist? Alle Welt weiß das doch.«

»Nein«, antwortet Lukas, »was ist denn mit ihm los?«

»So kommt denn, ehrenwerte Fremdlinge!«, bittet er die Freunde und geht los. Doch bald bleibt er stehen und sieht sie an.

»Ich habe eine Bitte«, erklärt er. »Ich möchte gern einmal auf der Lokomotive fahren. Ist das vielleicht möglich?«

»Warum nicht!«, antwortet Lukas. »Du musst uns nur sagen, wohin wir fahren sollen.«

Sie steigen ein und fahren los.

»Das geht aber sehr schnell!«, piepst Ping Pong. »Die nächste Straße bitte links! – Jetzt über die Brücke, bitte – Oh, geht das aber schnell!«

Sie kommen zu einem anderen Platz und der ist ganz rund. In der Mitte steht ein riesengroßer Lampion, ganz dunkelrot auf dem großen leeren Platz im blauen Mondlicht.

»Das«, sagt Ping Pong leise, »ist der Mittelpunkt von Mandala. Und am großen Lampion ist genau der Mittelpunkt der Welt. Deshalb heißt dieser Platz einfach: die Mitte.«

Sie halten Emma an und steigen aus. Sie gehen auf den großen Lampion zu.

»Da steht was geschrieben!«, ruft Jim. Mit mandalanischen Buchstaben.

Lukas liest und pfeift. »Das ist ein Ding!«, sagt er.

»Was steht denn da?«, will Jim wissen.

Lukas liest es vor: »Ich Pung Ging, Kaiser von Mandala, erkläre hiermit feierlich, dass ich meine Tochter,

Prinzessin Li Si, demjenigen zum Weibe[1] gebe, der sie aus der Drachenstadt befreit.«

Der kleine Ping Pong ist nervös. »Ach, ihr ehrenwerten Fremdlinge«, ruft er plötzlich traurig. »Ihr wisst ja, ich bin noch klein. Es ist schon spät und ich muss ganz schnell zurück in den Palast!«

Sie fahren also, so schnell es geht, zum Palast zurück und Ping Pong sagt Gute Nacht.

»Komm, Jim, legen wir uns auch aufs Ohr[2]. War ein langer Tag heute«, sagt Lukas.

Sie steigen in das Führerhäuschen und machen es sich bequem, so gut es geht.

»Meinst du«, fragt Jim leise, »wir sollen versuchen die Prinzessin zu finden?«

»Das meine ich«, antwortet Lukas und putzt seine Pfeife. »Wenn wir sie nach Hause bringen, Jim, dann erlaubt der Kaiser uns sicher eine Eisenbahnlinie durch das Land Mandala zu legen.«

»Weißt du denn, was wir mit den Drachen machen sollen?«, fragt Jim. »Ich denk mir, das ist gar nicht so einfach.«,

Lukas antwortet: »Ich habe noch nie einen Drachen gesehen, nicht mal im Zoo. Aber ich denke, meine Emma hat keine Probleme mit so einem Tier und jetzt lass uns erst mal schlafen. Gute Nacht, Jim.«

»Gute Nacht, Lukas.«

 **Übungen**

---

1 **das Weib:** alt: die Frau; hier: die Ehefrau
2 **sich aufs Ohr legen:** schlafen gehen

Neuntes Kapitel
in dem jemand etwas Böses gegen Jim und Lukas
plant

Am nächsten Morgen wachen die beiden Freunde spät auf.
»Toller Tag heute!«, sagt Lukas. »Genau das richtige Wetter
für einen Besuch beim Kaiser.«
Sie gehen zum Eingang des Palastes und klingeln.
»Was wünschen die ehrenwerten Herren?«, fragt der
runde Kopf so freundlich wie am Tag zuvor.
»Wir wollen zum Kaiser von Mandala«, sagt Lukas.
»Leider hat der Kaiser auch heute keine Zeit«, antwortet
der dicke Kopf und will schon wieder verschwinden.
»Halt, Freundchen!«, ruft Lukas. »Sagen Sie dem Kaiser,
dass hier zwei Männer sind, die seine Tochter aus der
Drachenstadt befreien[1] wollen.«
»Oh! Das ist natürlich etwas anderes. Seien Sie bitte so
freundlich, einen Augenblick zu warten!«
Dann geht die Klappe zu. Die beiden Freunde stehen vor
der Tür und warten. Und warten. Und warten. Aber der
dicke Kopf kommt nicht zurück.
Warum aber kommt er nicht wieder? Das ist so: Hinter der
großen Holztür liegt das kaiserliche Amt[2]. Und in einem
Amt dauert immer alles sehr lange. Der Türsteher läuft
erst einmal zum Obertürsteher. Der Obertürsteher läuft
weiter zum Haupttürsteher. Der Haupttürsteher geht zum
Schreiber und so geht jeder zum nächsthöheren Beamten[3].

---

1 **befreien:** zurückholen, rausholen; in Sicherheit bringen
2 **das Amt:** staatliches Büro
3 **der Beamte:** Angestellter des Staates

Man kann sich leicht denken, wie lang der Weg zu den Bonzen[1] ist. Bonzen nennt man in Mandala die Minister. Und der höchste Minister trägt den Titel »Oberbonze«. Zurzeit regiert der Oberbonze Herr Pi Pa Po. Über ihn müssen wir leider etwas sagen, was nicht gerade schön ist. Er ist sehr ehrgeizig[2] und mag es nicht, wenn jemand anderes etwas besser macht als er selbst.

»Was?«, ruft er. »Da sind zwei Fremde, die Prinzessin Li Si befreien wollen?« Und denkt: »Das darf nicht sein. Einer von den beiden bekommt dann die Prinzessin zur Frau! Die Prinzessin ist aber für mich! Ich bin der einzige Richtige!«

Die Prinzessin interessiert ihn gar nicht. Er will nur immer der Erste und Beste sein. Natürlich hat er viel zu viel Angst selbst in die Drachenstadt zu fahren und die Prinzessin zu befreien. Aber dann darf das auch kein anderer tun.

»Diesen Fremdlingen werde ich es schon zeigen«, sagt er zu sich. »Ich lasse sie in den Kerker[3] bringen.«

Dann lässt er den Hauptmann der kaiserlichen Palastsoldaten rufen.

»Herr Hauptmann«, sagt der Oberbonze, »bringen Sie mir die beiden Fremden, die vor dem Palast warten!«

»Jawohl!«, antwortet der Hauptmann und geht seine Soldaten rufen.

Wenig später öffnet sich die Tür zum Palast und heraus kommen dreißig uniformierte Männer. Sie haben Helme auf dem Kopf und tragen große Säbel[4] an der Seite. Die

---

1 **der Bonzen:** (ironisch) hoher Beamter; hier: Minister
2 **ehrgeizig:** besser sein wollen als andere, Karriere machen wollen
3 **der Kerker:** alt: Gefängnis; dorthin kommen Kriminelle
4 **der Säbel:** langes Messer, eine Waffe zum Kämpfen; s. S. 37

dreißig Soldaten marschieren zu Jim und Lukas. Sie stellen sich vor den beiden Freunden auf und der Hauptmann geht auf Lukas zu.

der Säbel

der Hauptmann

»Ich bitte die ehrenwerten Fremdlinge sofort mit mir in den Palast zu kommen«, ruft er laut. Lukas sieht den Hauptmann an: »Wer sind Sie eigentlich?«
»Ich bin der Hauptmann der kaiserlichen Palastwache«, antwortet der Hauptmann und salutiert mit seinem Säbel.
»Hat Sie der Kaiser von Mandala geschickt?«, fragt Lukas weiter.
»Das nicht«, sagt der Hauptmann. »Wir kommen von Herrn Pi Pa Po, dem Oberbonzen.«

»Was meinst du, Jim?«, fragt Lukas seinen Freund. »Wollen wir jetzt zu Herrn Pi Pa Po?«
»Ich weiß auch nicht«, sagt Jim.
»Na gut«, meint Lukas. »Wir wollen freundlicher sein als er und ihn nicht warten lassen. Komm, Jim!«
Die Palastwache nimmt die beiden Freunde in die Mitte. Sie steigen die neunundneunzig Silberstufen hinauf und gehen in den Palast.

 Übungen

Zehntes Kapitel
in dem Lukas und Jim in große Gefahr[1] kommen

Sie marschieren eine ganze Zeit durch den Palast. Dann bleiben sie endlich vor einer Tür stehen.

»Hier ist es«, sagt der Hauptmann ganz leise.

Lukas und Jim gehen ins Zimmer. Da sitzen drei sehr dicke Bonzen auf hohen Stühlen. Der Bonze in der Mitte hat einen besonders hohen Stuhl. Das ist Herr Pi Pa Po.

»Guten Morgen, meine Herren!«, grüßt Lukas freundlich.

»Erlauben Sie als erstes einige Fragen«, sagt der Oberbonze.

»Wer sind Sie beide?«

»Und woher kommen Sie eigentlich?«, will der zweite Bonze wissen.

»Und was wollen Sie hier?«, fragt der dritte.

»Ich bin Lukas der Lokomotivführer und das hier ist mein Freund Jim Knopf«, sagt Lukas. »Wir kommen aus Lummerland und wollen zum Kaiser von Mandala. Wir müssen ihm sagen, dass wir seine Tochter aus der Drachenstadt befreien wollen.«

»Sehr gut!«, meint der Oberbonze. »Aber das kann jeder sagen.«

»Haben Sie Dokumente[2]?«, fragt der zweite Bonze.

»Oder wenigstens eine Erlaubnis?«, will der dritte wissen.

»Hören Sie mal, meine Herren Bonzen!«, sagt Lukas. »Was wollen Sie eigentlich? Ich glaube, der Kaiser wird sehr böse sein, wenn er hört, wie Sie sich hier wichtig machen.«

---

1 **die Gefahr:** das Risiko; etw., das Angst macht
2 **das Dokument:** ein wichtiges / offizielles Papier

»Davon«, antwortet der Oberbonze und lacht leise, »weiß
er ja nichts und das bleibt auch so.«

»Ohne uns«, erklärt der zweite Bonze, »können die
ehrenwerten Fremdlinge nicht zum Kaiser kommen.«

»Und wir lassen Sie erst zu ihm, wenn wir alles genau
kontrolliert haben«, erklärt der dritte.

»Also gut!«, sagt Lukas. »Aber machen Sie bitte schnell.«

»Sagen Sie, Herr Lukas«, beginnt der Oberbonze, »haben
Sie einen Ausweis?«

»Nein«, antwortet Lukas.

Die Bonzen sehen einer den andern an.

»Ohne Ausweis«, sagt der zweite Bonze, »weiß man nicht,
dass sie leben.«

»Ohne Ausweis«, meint der dritte, »gibt es Sie gar nicht,
amtlich gesehen! Also können Sie auch nicht zum Kaiser
gehen. Das ist logisch.«

»Aber wir stehen doch hier!«, bemerkt[1] jetzt Jim. »Also
gibt's uns doch.«

»Wir können Ihnen einen vorläufigen[2] Ausweis geben«,
sagt der Oberbonze. »Das ist aber wirklich alles, was wir
für Sie tun können.«

»Gut«, sagt Lukas, »können wir damit zum Kaiser?«

»Nein«, sagt der zweite Bonze. »Zum Kaiser können Sie
damit natürlich nicht.«

»Was können wir denn damit?«, fragt Lukas.

»Gar nichts«, sagt der dritte Bonze und lacht.

»Jetzt will ich euch mal was sagen, meine Herren Bonzen«,
sagt Lukas langsam. »Wenn ihr uns jetzt nicht sofort zum

---

1 **bemerken:** kommentieren; etw. sagen
2 **vorläufig:** nur für kurze Zeit; provisorisch

Kaiser bringt, dann beweisen wir Ihnen, dass es uns gibt.«
Dabei lässt er seine Muskeln spielen.

»Passen Sie auf!«, sagt der Oberbonze ganz leise.

»Na, jetzt ist es genug!«, ruft Lukas. »Ihr wollt uns nicht zum Kaiser lassen, wie?«

»Nein«, antwortet der Oberbonze.

»Niemals!«, rufen auch die anderen.

»Und warum nicht?«, fragt Lukas.

»Weil ihr Spione seid«, antwortet der Oberbonze. »In den Kerker!«

Lukas wird böse. Er geht auf die Bonzen zu. In diesem Augenblick kommt die Palastwache herein. Die Männer wollen Lukas und Jim packen. Schnell springen die beiden in eine Ecke des Zimmers. Jim stellt sich hinter Lukas, der mit Stuhlbeinen gegen die Säbel der Soldaten kämpft[1].

Was Lukas und Jim nicht sehen, ist das Gesichtchen, das plötzlich durch die offene Tür schaut. Es ist Ping Pong! Er hat seine neuen Freunde nicht mehr bei der Lokomotive getroffen. Die Leute haben ihm gesagt, dass die Palastwache die beiden Lokomotivführer abgeholt hat. Da ist er in den Palast und durch das ganze kaiserliche Amt gelaufen und hat sie endlich hier gefunden. Lukas und Jim im Kampf gegen die Palastwache. Hier kann nur noch einer helfen: der große Kaiser selbst! Schnell läuft Ping Pong die Treppen hinauf, durch alle Zimmer. Er läuft und läuft und läuft. Im allerletzten Augenblick kommt Ping Pong in den Thronsaal[2].

---

1 **kämpfen:** einen Konflikt praktisch lösen, mit Pistolen / den Händen
2 **der Thronsaal:** Zimmer, in dem der Kaiser seine Gäste trifft; hier steht der Thron (Stuhl des Kaisers)

Der Saal ist riesengroß und ganz am Ende sieht Ping Pong den Kaiser auf seinem Thron aus Silber und Diamanten sitzen. Um den Kaiser stehen die Großen des Landes. Mit diesen Leuten diskutiert der Kaiser die wichtigen Dinge der Regierung. Ping Pong läuft nach vorne und legt sich auf den Boden – denn so muss man in Mandala den Kaiser begrüßen. Der Kaiser von Mandala, ein großer, sehr alter Mann, sieht verwundert[1], aber nicht unfreundlich, auf den winzigen Ping Pong zu seinen Füßen.

»Was willst du, Kleiner?«, fragt er langsam.

Ping Pong kann erst nicht sprechen. Er ist so schnell gelaufen!

»Jipp … Lukf … Lokomoff … Geff … Gefahr!«

»Sprich langsam, mein Kleiner!«, sagt der Kaiser. »Was gibt es? «

»Die beiden wollen doch Li Si befreien!«, antwortet Ping Pong.

Der Kaiser springt auf. »Wer?«, ruft er. »Wo sind sie?«

»Im Amt!«, schreit Ping Pong. »Bei Herrn Pi Pa Po! … Schnell … Pal … Palastwache!«

»Was ist mit der Palastwache?«, fragt der Kaiser.

»… wollen sie töten!«, erklärt Ping Pong.

Jetzt laufen alle los. Ganz vorne der Kaiser.

Lukas und Jim sind in einer schwierigen Situation. Alle Möbel liegen kaputt auf dem Boden. Dreißig Säbel zeigen auf die Freunde.

»Legt sie in Ketten[2]!«, schreit der Oberbonze.

---

1 **verwundert:** etw. ist nicht so, wie man es kennt; etw. ist seltsam
2 **die Kette:** aus Metall; damit bindet man Leute an den Füßen oder den Händen fest. So können sie nicht weglaufen.

In schweren Ketten stehen Jim und Lukas vor Herrn Pi Pa Po.

»Und?«, fragt der Oberbonze und lacht böse. »Ich denke, das Beste ist: Kopf ab!«

»Jim, alter Junge«, sagt Lukas zu seinem kleinen Freund, »das war eine kurze Reise. Es tut mir sehr leid.«

»Wir sind doch Freunde«, antwortet Jim leise. Er hat Angst, das kann man sehen.

»Jim Knopf«, sagt Lukas, »du bist wirklich der feinste kleine Junge, den ich in meinem Leben gesehen habe!«

»Halt!«, ruft da plötzlich jemand.

Da steht der Kaiser von Mandala in der Tür und hinter ihm alle großen Männer des Landes. Der Hauptmann wird ganz blass[1].

»Lasst die Fremdlinge frei!«, sagt der Kaiser. »Und legt Herrn Pi Pa Po und die anderen in Ketten!«

Lukas und Jim gehen zum Kaiser von Mandala. Lukas nimmt seine Mütze ab und seine Pfeife aus dem Mund und sagt: »Guten Tag, Majestät! Es freut mich, Sie endlich selbst kennen zu lernen.«

Und dann geben sich alle drei die Hände.

 **Übungen**

---

1 **blass:** weiß im Gesicht

Elftes Kapitel
in dem Jim sein Geheimnis erfährt

»Das ist noch mal gut gegangen, Majestät!«, sagt Lukas
zum Kaiser. »Woher wissen Sie eigentlich von uns?«
»Durch einen sehr kleinen Jungen«, antwortet der Kaiser.
»Ping Pong!«, rufen Lukas und Jim wie aus einem Mund.
»Aber wo ist er denn?«
Bald findet man den kleinen Jungen. Er schläft in einer
Ecke des Thronsaals.
Den beiden Freunden geht es jetzt sehr gut. Herr Schu
Fu Lu Pi Plu kocht an diesem Tag selbst. Es schmeckt
großartig. Nach dem Essen spaziert der Kaiser mit den
beiden Freunden im Park. Später kommt auch Ping Pong,
der endlich genug geschlafen hat.
»Wann wollt ihr zur Drachenstadt fahren, meine
Freunde?«, fragt der Kaiser.
»Bald«, antwortet Lukas. »Wir wissen aber nicht, wo die
Drachenstadt ist und wie man hinkommt.«
»Ihr sollt alles erfahren[1]«, antwortet der Kaiser, »was in
Mandala über diese Stadt bekannt ist.«
Im Thronsaal wartet man schon auf sie. Die einundzwanzig
gelehrtesten Männer Mandalas sitzen da. »Vor allem
möchte ich erst mal eines wissen«, sagt Lukas. »Woher weiß
man eigentlich, dass die Prinzessin in der Drachenstadt
ist?«
Ein Gelehrter antwortet: »Das, ihr ehrenwerten Fremdlinge,
war so: Die wunderschöne Prinzessin Li Si war vor einem
Jahr in den großen Ferien am Meer. Eines Tages war sie

---

1 **etw. erfahren:** etw. erzählt bekommen

43

plötzlich weg. Niemand weiß, was passiert ist. Aber vor zwei Wochen bringen Fischer eine Flaschenpost in den Palast. Aus dem Gelben Fluss. Der Gelbe Fluss kommt aus dem rot-weißen Gebirge. In der Flasche war ein Brief von unserer Prinzessin.«

»Dürfen wir diesen Brief vielleicht mal sehen?«, fragt Lukas.

Der Gelehrte gibt ihm den Brief. Lukas liest vor: »Lieber Unbekannter! Bitte bringe diese Flaschenpost so schnell wie möglich zu meinem Vater, dem großen Kaiser von Mandala. Die 13 haben mich mitgenommen und an Frau Mahlzahn verkauft. Hier sind auch noch viele andere Kinder. Bitte holt uns, denn es ist einfach schrecklich hier. Frau Mahlzahn ist ein Drache und meine Adresse ist: *Prinzessin Li Si bei Frau Mahlzahn, Kummerland, Alte Straße Nummer 133, Dritte Etage links.*«

Lukas denkt nach.

»Mahlzahn?«, sagt er leise. »Mahlzahn? … Kummerland? Das hab ich doch schon mal gehört.«

»Kummerland ist der Name der Drachenstadt«, erklärt der Gelehrte. »Das steht in einem alten Buch.«

»Die Geschichte fängt an, interessant zu werden!« sagt Lukas.

»Warum?«, fragte Jim verwundert.

»Hör mal zu, Jim Knopf!«, sagt Lukas ernst. »Jetzt ist der Augenblick gekommen, wo du ein großes Geheimnis erfahren musst, das Geheimnis deiner Ankunft auf Lummerland. Du warst ja noch viel zu klein. Du bist nämlich in einem Postpaket zu uns gekommen.«

Und dann erzählt er Jim, was in Lummerland passiert war.

»Und als Absender? Nur eine große 13!«, beendet er seine Erzählung.

»Keine Frage«, erklärt ein kurzer, dicker Gelehrter, »das ist beide Male die gleiche Adresse. Nur ist die von Prinzessin Li Si richtig geschrieben, die andere auf Jims Paket kommt von jemandem, der nur schlecht schreiben kann.«

»Aber dann is' Frau Waas ja gar nicht meine richtige Mutter!«, ruft Jim plötzlich.

»Nein«, antwortet Lukas.

Jim sagt eine Zeit nichts, dann fragt er: »Aber wer is' es dann? Frau Mahlzahn?«

Lukas schüttelt[1] den Kopf. »Ich denke nicht«, sagt er. »Frau Mahlzahn ist doch ein Drache.«

»Das heißt«, meint Lukas, »wir müssen jetzt aus zwei Gründen in die Drachenstadt fahren. Erstens müssen wir Prinzessin Li Si befreien und zweitens das Geheimnis von Jim Knopf erfahren. Wo liegt also diese Drachenstadt Kummerland?«

Da kommt ein ganz kleiner Gelehrter, der kaiserliche Oberhofgeograph. Er kennt alle Landkarten der Welt.

»Sehr ehrenwerte Fremdlinge«, beginnt er traurig, »wo die Drachenstadt liegt, weiß leider kein Mensch. Wir glauben«, spricht der Gelehrte weiter, »dass sie hinter dem rot-weißen Gebirge liegt. Die Flaschenpost der Prinzessin ist im Gelben Fluss gekommen, also muss die Stadt oben am Fluss liegen. Der Lauf des Gelben Flusses ist uns aber nur bis zu dem rot-weißen Gebirge bekannt. Wo er herkommt, wissen wir nicht.«

---

1 **den Kopf schütteln:** mit dem Kopf „nein" sagen

»Wie kommen wir denn auf die andere Seite des Gebirges?«, fragt Lukas.

Der Gelehrte legt eine große Landkarte auf den Tisch. »Dies hier ist eine Karte von Mandala«, erklärt er. »Die Grenze des Landes ist die weltbekannte Mandalanische Mauer[1]. Sie hat fünf Tore. Wenn man durch das Tor im Westen fährt, so kommt man in einen Wald, den ›Tausend-Wunder[2]-Wald‹. Dann kommt das rot-weiße Gebirge. Über das Gebirge kommt keiner. Es ist zu hoch. Aber hier, im Süden, gibt es eine Schlucht[3]. Wir nennen sie ›Tal der Dämmerung[4]‹. Bis heute ist niemand durch diese Schlucht gefahren. Man hört dort nämlich sehr Seltsames. Dann kommt, denken wir, eine sehr große Wüste[5]. Mehr wissen wir leider nicht.«

Lukas schaut auf die Karte und denkt wieder nach. Dann meint er: »Wenn man hinter dem ›Tal der Dämmerung‹ immer nach Norden fährt, kommt man sicher wieder an den Gelben Fluss. Den fahren wir entlang und kommen zu der Drachenstadt.«

»Wir wissen es nicht sicher«, antwortet der Gelehrte vorsichtig.

»Na, wir können es versuchen«, sagt Lukas. »Die Karte möchte ich gerne mitnehmen. Vielen Dank, meine Herren!«

Die einundzwanzig gelehrtesten Männer Mandalas grüßen und gehen aus dem Thronsaal.

---

1 **die Mauer:** eine Wand aus Steinen
2 **das Wunder:** etw., das man nicht glauben kann
3 **die Schlucht:** enges Tal zwischen Bergen
4 **die Dämmerung:** wenn die Sonne untergeht und es wenig Licht gibt
5 **die Wüste:** hier ist es sehr trocken und es gibt viel Sand

»Wann wollt ihr abreisen, meine Freunde?«, fragt der Kaiser.

»Morgen früh, denke ich«, antwortet Lukas.

Dann bittet er Ping Pong: »Sei doch so nett und bring mir ein Blatt Papier. Wir wollen einen Brief nach Lummerland schreiben. Man weiß nie, was alles passieren kann.«

Lukas und Jim schreiben zusammen einen langen Brief. Sie erklären Frau Waas und dem König, warum sie von Lummerland fortgegangen sind. Und dass Jim jetzt die Sache mit dem Paket weiß. Und dass sie in die Drachenstadt Kummerland fahren und die Prinzessin Li Si befreien und Jims Geheimnis erfahren wollen. Dann gehen sie auf den großen Platz, wo sie den Brief in einen Briefkasten werfen. Ganz allein steht Emma im Mondschein.

»Gut, dass ich daran denke!«, sagt Lukas zum Kaiser und zu Ping Pong. »Emma braucht frisches Wasser. Und den Tender müssen wir mit Kohle auffüllen. Bei so einer Fahrt weiß man nie, wann man wieder welche bekommen kann.«

»Wasser und Kohle lassen wir bringen«, erwidert[1] der Kaiser.

Bald ist der Tender voll Kohlen und Emmas Kessel voll Wasser.

»So!«, sagt Lukas zufrieden. »Schönen Dank! Und jetzt gehen wir schlafen.«

»Na dann, gute Nacht!«, sagt der Kaiser.

»Gute Nacht, Majestät!«

 Übungen

---

1 **erwidern:** antworten

Zwölftes Kapitel
in dem die Fahrt ins Unbekannte beginnt und die Freunde die »Krone der Welt« sehen

»He, Jim, wach auf!«

Jim macht ein Auge auf: »Was is' denn?«

»Es ist Zeit«, sagt Lukas. »Wir müssen gleich losfahren.«

Jim ist sofort wach. Der Platz ist menschenleer. Da geht die Küchentür auf und Herr Schu Fu Lu Pi Plu kommt heraus. Er hat eine große Tasche in der Hand. Hinter ihm kommt der kleine Ping Pong.

»Hier«, sagt der Oberhofkoch, »ich habe noch ein paar Brote für die ehrenwerten Fremdlinge gemacht.«

»Danke«, antwortet Lukas. »Das ist aber nett!«

Dann kommt auch der Kaiser.

»Meine Freunde«, sagt er, »ich wünsche, der Himmel hilft euch, euch und meiner kleinen Tochter.«

»Na, es kommt alles wieder in Ordnung, Majestät. Da bin ich sicher!«

»Hier ist noch etwas heißer Tee für euch«, sagt der Kaiser und gibt Lukas eine goldene Flasche. »Heißer Tee ist immer gut auf einer Reise.«

Lukas und Jim bedanken sich, dann steigen sie ein. Jim ruft: »Auf Wiedersehen!«

»Auf Wiedersehen! Auf Wiedersehen!«, rufen die anderen.

Emma fährt los. Die Reise zur Drachenstadt beginnt. Bald lassen sie die goldenen Dächer von Ping hinter sich. Sie fahren den ganzen Tag, ohne Pause, durch das geheimnisvolle Land Mandala.

Am zweiten Tag kommen sie durch weite Gärten und Felder[1] und durch Dörfer. Wo immer sie halten, kommen die Leute und bringen Obst und Süßes für die beiden Freunde und Wasser und Kohlen für die Lokomotive.

Am siebten Tag kommen sie endlich zu dem westlichen Tor in der großen Mandalanischen Mauer. Wenige Minuten später sind die Reisenden schon mitten im ›Tausend-Wunder Wald‹. Es ist nicht leicht, hier einen Weg für eine Lokomotive zu finden. Der Wald ist ein großer wilder Dschungel[2] aus farbigen Glasbäumen und sonderbaren Blumen. Und weil alles durchsichtig ist, kann man viele Tiere sehen. Aber sie müssen so schnell wie möglich weiter, die kleine Prinzessin befreien.

Drei Tage brauchen sie für die Fahrt durch den ›Tausend-Wunder-Wald‹. Am dritten Tag steht ganz nah vor ihnen das rot-weiße Gebirge.

Die Berge stehen so eng einer neben dem anderen, da kommt keiner durch. Hinter der ersten Reihe kommt eine zweite und hinter der zweiten eine dritte und dahinter noch eine und immer noch eine. Die Gipfel gehen bis in die Wolken.

Lukas nimmt die Landkarte in die Hand. »So«, sagt er,

---

1 **das Feld:** Land, auf dem Essen (Getreide, Obst) angebaut wird
2 **der Dschungel:** tropischer Regenwald

»jetzt wollen wir doch mal sehen, wo eigentlich dieses ›Tal der Dämmerung‹ liegt.«

Er findet es bald. »Schau her«, erklärt Lukas und legt seinen Finger[1] auf die Karte. »Hier stehen wir und hier ist das ›Tal der Dämmerung‹. Wir stehen also etwas zu weit nördlich. Deshalb müssen wir jetzt ein Stück nach Süden fahren.«

 **Übungen**

Dreizehntes Kapitel
in dem es im »Tal der Dämmerung« sehr laut wird

Das ›Tal der Dämmerung‹ ist eine dunkle Schlucht, nicht ganz so breit wie eine Straße. Links und rechts sind Steinwände[2] bis zum Himmel. Und weit hinten, ganz am anderen Ende der Schlucht, steht groß die rote Abendsonne. Vor dem Eingang zu der Schlucht hält Lukas die Lokomotive an und er und Jim gehen erst einmal ein Stück zu Fuß hinein. Es ist ganz still. Nichts ist zu hören. Jims Herz klopft. »Es is' ganz still!«, sagt er.

Lukas will etwas erwidern, da hört er plötzlich Jim ganz klar rechts in der Schlucht noch einmal sagen: »Es is' doch ganz still!«

Und dann von links oben: »Es is' doch ganz still!«

---

1 **der Finger:** an einer Hand sind fünf Finger
2 **der Stein:** hartes Naturmaterial; Berge sind aus Stein

Und dann immer wieder links und rechts durch das ganze Tal hinunter: »Es is' doch ganz still! – Es is' doch ganz still! – Es is' doch ganz still!«

»Was is' das?«, fragt Jim.

»Was is' das? – Was is' das? – Was is' das?«, kommt es immer wieder aus der Schlucht.

»Keine Angst!«, antwortet Lukas. »Das ist nur ein Echo.«

»Nur ein Echo – nur ein Echo – nur ein Echo«, kommt es aus der Schlucht. Die beiden Freunde gehen zu ihrer Emma zurück. Da hören sie, wie das Echo vom anderen Ende der Schlucht wieder zurückkommt. Erst ganz leise, dann immer lauter: »Es is' doch ganz still! – Es is' doch ganz still! – Es is' doch ganz still!«

Hundert Jims scheinen hier zu sprechen. Das ist natürlich schon viel viel lauter.

»Na, so was!«, brummt[1] Lukas. »Das Echo kommt zurück und wird lauter, wie es scheint.«

Jetzt kommt das zweite Echo wieder, immer einmal links und einmal rechts: »Was is' das? – Was is' das? – Was is' das?«, ruft es aus der Schlucht.

»Na«, flüsterte Lukas, »das kann ja lustig werden, wenn Emma in das Tal fährt. Wie ein ganzer Hauptbahnhof!«

Eben kommt das dritte Echo zurück.

»Was können wir da machen, Lukas?« fragt Jim.

»Ich glaube, da ist nichts zu machen. Wir können nur versuchen, so schnell wie möglich durch die Schlucht zu fahren.«

Wieder kommt ein Echo vom anderen Ende des Tals zurück. Aber jetzt sind es schon hunderttausend Jims, die schreien.

---

1 **brummen:** sprechen wie ein Bär; mit tiefer Stimme sprechen

Jim und Lukas legen sich die Hände auf die Ohren. Lukas nimmt schnell eine Kerze[1] aus dem Führerhäuschen. Sie ist ganz warm und weich.

»Hier«, sagt er und formt kleine Bällchen, »tu die in die Ohren!«

Schnell macht Jim das und Lukas tut es auch. Das nächste Echo aus der Schlucht hören sie nur ganz leise. Lukas nickt[2] zufrieden, gibt Kohle ins Feuer[3] und sie fahren in die dunkle Schlucht.

Wenn wir verstehen wollen, was dort passiert, müssen wir wissen: Die Steinwände der Schlucht stehen sehr eng. Ein Echo kann nicht aus der Schlucht hinauskommen. Es muss also wieder zurück. Jedes Echo macht aber ein neues Echo. So wird es immer lauter. Da fragt man sich natürlich, warum es in der Schlucht nicht immer und immer lauter wird. Die Antwort ist: Es regnet ja manchmal und der Regen wäscht die Echos weg.

Aber wie geht es jetzt unseren beiden Freunden? Sie fahren weiter. In der Mitte der Schlucht schaut Jim einmal zurück. Und das, was er da sieht, macht ihm doch Angst. Von beiden Seiten sind hinter ihnen die Steinwände eingestürzt[4]. Und ganz schnell fallen immer neue Steine herunter und sie kommen immer näher! Keine Sekunde haben sie mehr Zeit! Da gibt es nur eins, den Notschalter[5]!

---

1 **die Kerze:** gibt Licht ohne Elektrizität, mit einer Flamme, ist aus Wachs
2 **nicken:** mit dem Kopf „ja" sagen
3 **das Feuer:** ist heiß, meistens gelb und orange
4 **einstürzen:** alle Steine sind auf den Boden gefallen
5 **der Notschalter:** mit einem Schalter macht man etw. an und aus; der Notschalter hilft in einer schwierigen Situation

Lukas hat diesen Schalter seit vielen Jahren nicht mehr gebraucht. Kann die gute alte Emma noch so schnell fahren? Das ist nicht sicher. Aber Emma pfeift nur laut, dann fährt sie schneller, immer schneller, schneller als sie darf. Sie kommen aus der Schlucht heraus, genau in dem Augenblick, als hoch über ihnen die letzten Berggipfel einstürzen. Sie leben noch. Lukas macht den Notschalter aus. Emma fährt langsamer und dann macht es »Krack!« und die Lokomotive bleibt einfach stehen. Kein Dampf, kein Pfeifen[1], nichts.

Lukas und Jim steigen aus, nehmen das Wachs aus den Ohren und schauen zurück. Hinter ihnen liegt das Gebirge. Die Schlucht, durch die sie gekommen sind, das ›Tal der Dämmerung‹ gibt es nicht mehr.

 **Übungen**

Vierzehntes Kapitel
in dem Lukas merkt, dass er ohne Jim keine Chance hat

»Das ›Tal der Dämmerung‹ gibt es nicht mehr«, sagt Lukas. Das Dumme ist nur: Wir können auch nicht mehr zurück.«

»Oh je!«, sagt Jim. »Wir müssen aber doch wieder nach Haus!«

»Ja, ja«, antwortet Lukas, »aber wir müssen einen neuen Weg finden.«

»Wo sind wir denn?«, fragt Jim.

---

1 **das Pfeifen:** ein hoher Ton

»In der Wüste«, antwortet Lukas.

Lukas geht zur Lokomotive und sagt: »Was hast du gemacht meine dumme, alte Emma?«

Nichts ist zu hören. Kein Motor, kein Dampf, kein Pfeifen. Emma sagt nichts. Was hat sie nur?

»Emma!«, ruft Lukas. »Emma, meine gute, dicke Emma!«

Nichts. Keine Reaktion. Lukas und Jim schauen sich an.

»Du lieber Himmel!«, ruft Jim. »Wenn Emma jetzt …«

Schnell holen sie den Werkzeugkasten[1]. Eine ganze Weile klopft Lukas vorsichtig hier und da an der alten Emma. Endlich steht er wieder auf und ruft: »Verflixt[2]!«

»Is’ es sehr schlimm?«, fragt Jim.

Lukas nickt langsam.

»Ich denke«, sagt er, »dass der Taktierkolben[3] kaputt ist. Zum Glück habe ich einen zweiten dabei.«

Er holt aus einer Tasche einen kleinen Kolben, nicht größer als ein Finger Jims.

»Wir müssen’s versuchen«, sagt Lukas.

Wortlos kämpfen die beiden Freunde um das Leben ihrer guten, alten Emma. Stunde um Stunde. Den Taktierkolben müssen sie tief in der Lokomotive montieren. Lukas muss erst Stück für Stück abmontieren, dann alles wieder zusammenbauen.

Es ist schon nach Mitternacht. Lukas liegt unter der Lokomotive und arbeitet. Jim gibt ihm die Werkzeuge. Da hört er plötzlich ein Rauschen. Dann noch einmal und ›krah‹. Von ganz nah. Was kann das sein? Jim versucht

---

1 **der Werkzeugkasten:** darin sind die Instrumente zum Reparieren
2 **verflixt:** Ausruf, wenn etw. sehr schwierig ist
3 **der Taktierkolben:** gibt der Maschine den Rhythmus

etwas zu sehen. Da! Groß und schwarz stehen drei Vögel auf dem Boden. Große rote Augen sehen ihn an. Noch einmal ist das Rauschen zu hören. Ein riesengroßer Vogel setzt sich aufs Dach des Führerhäuschens und starrt[1] den Jungen an.

»Lukas! He, Lukas!« flüstert Jim.

»Was gibt's?«, fragt Lukas unter der Lokomotive.

»Da sind auf einmal so große Vögel«, erwidert Jim. »Sehr viele.«

»Wie sehen sie denn aus?«, will Lukas wissen.

»Sehr unfreundlich«, antwortet Jim. »Auf dem Dach sitzt auch schon einer und schaut mich immer an.«

»Ach«, sagt Lukas, »das sind nur Geier.«

»Aha!«, meint Jim. Und nach einer Weile fragt er: »Sind Geier sehr gefährlich?«

»Jetzt nicht«, erklärt Lukas, »erst, wenn man tot ist.«

»So«, sagt Jim. »Bist du ganz sicher, dass sie auch kleinen schwarzen Jungen nichts tun? Vielleicht mögen sie kleine schwarze Jungen lieber lebendig?«

»Nein«, sagt Lukas, »du brauchst keine Angst zu haben.«

»Ach so!«, murmelt[2] Jim.

Lukas kommt unter Emma hervor.

»Sag mir die Wahrheit, Lukas«, fragt Jim leise, »wie schlimm ist es?«

Lukas sieht dem Jungen in die Augen und sagt: »Die Wahrheit ist: Ich kann die letzte Schraube[3] nicht aufmachen.

---

1 **jmdn. anstarren:** jmdn. stark / intensiv ansehen; jmdn. fixieren
2 **murmeln:** sehr leise sprechen, fast mit geschlossenem Mund
3 **die Schraube:** kleiner Stift aus Metall, hält zwei Elemente zusammen, man kann die Schraube auf- und zumachen

Da muss einer in den Kessel. Aber ich komme da nicht hinein. Ich bin zu groß und zu dick.«

»Ich steige in den Kessel!«, ruft Jim.

Lukas nickt. »Es ist wirklich die letzte Chance. Aber es gibt ein Problem. Du musst nämlich unter Wasser arbeiten. Licht hast du auch nicht. Da ist es nicht einfach eine Schraube zu finden und zu öffnen ...«

»Ich tu's«, sagt Jim.

»Gut!«, antwortet Lukas.

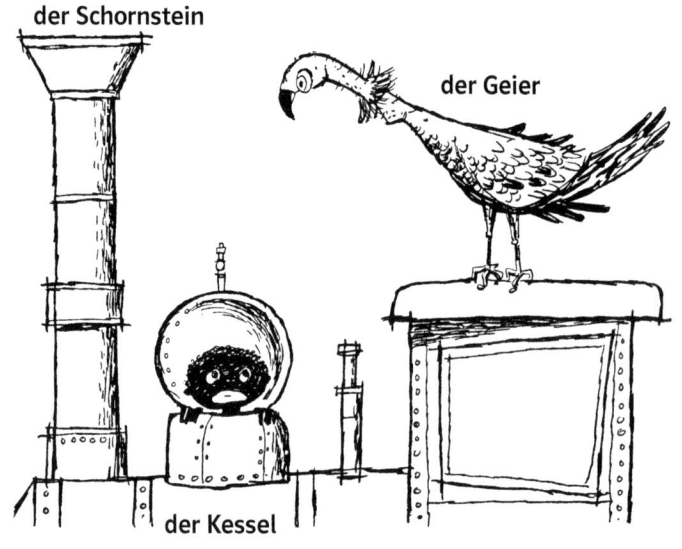

der Schornstein

der Geier

der Kessel

Jim steigt in den Kessel. Er geht unter Wasser. Lukas steht neben der Lokomotive und wartet. Er hat Angst. Was soll er tun, wenn Jim etwas passiert? Er kann ja nicht in den Kessel steigen.

Jetzt hört er etwas. Da fällt im Kessel etwas zu Boden.

»Da ist die Schraube!«, ruft Lukas. »Jim, komm zurück!«
Jim kommt aber nicht. Sekunde um Sekunde wartet Lukas.
Was soll er tun? Da kommt endlich das kleine schwarze
Gesicht aus der Kuppel. Und dann kommt eine Hand.
Lukas nimmt sie und zieht seinen Freund heraus. Er nimmt
ihn auf den Arm und steigt mit ihm von der Lokomotive.
»Jim!«, sagt er immer wieder. »Mein alter Jim!«
Der Junge hat die Augen geschlossen. Endlich flüstert er:
»Lukas, gut, dass du mich mitgenommen hast!«
»Jim Knopf!«, sagt Lukas. »Du bist ein wunderbarer
kleiner Junge. Ohne dich geht gar nichts.«
Lukas packt Jim in eine warme Decke.
»So!«, sagt er dann. »Und jetzt ruhst du dich aus!«
Lukas setzt schnell den neuen Taktierkolben ein und macht
alles wieder fest. Und dann baut er die gute alte Emma Teil
für Teil wieder zusammen. Bald ist er fertig.
»Na, Jim?«, ruft er. »Was sagst du jetzt?«
»Was soll ich denn sagen?«, fragt Jim.
»Na, hör doch mal!«, ruft Lukas und lacht.
Jetzt hört er es auch! Emmas Dampfmotor läuft wieder!
»Lukas!«, schreit Jim glücklich. »Wir können weiterfahren!«
Die Geier machen traurige Gesichter.
»So!«, erklärt Lukas. »Jetzt soll Emma sich erst mal
ausschlafen. Und wir tun das auch, denk ich.«
Sie steigen in das Führerhaus und machen die Tür gut
hinter sich zu. Dann essen sie etwas und trinken Tee. Und
dann raucht Lukas noch eine Pfeife. Jim schläft schon.

 **Übungen**

Fünfzehntes Kapitel

in dem die Reisenden in ein seltsames Traumland kommen

Am nächsten Morgen stehen Jim und Lukas sehr spät auf. Die Sonne steht schon hoch am Himmel und es ist heiß, sehr heiß. Die beiden Freunde fahren bald los, immer nach Norden. Die Berge müssen rechts von ihnen stehen. Die Sonne steigt höher und höher. Es ist so heiß. Die Wüste vor ihnen flimmert[1]. Lukas und Jim machen die Fenster der Lokomotive zu. Es ist schon Mittagszeit. Da ruft Lukas plötzlich: »Nanu[2]!«

»Was is'?«, fragt Jim.

»Ich glaube, wir sind falsch gefahren«, knurrt Lukas.

»Warum?«

»Schau doch mal zum rechten Fenster hinaus! Das Gebirge muss rechts liegen. Aber jetzt ist es auf einmal auf der anderen Seite.«

Wirklich, es ist, wie Lukas sagt: Im rechten Fenster ist der Wüstenhorizont zu sehen und im linken das rot-weiß gestreifte Gebirge.

Seltsam. Aber noch seltsamer ist, dass das Gebirge nicht richtig auf dem Boden steht. Es fliegt ein wenig über dem Boden.

»Was is' denn das?«, fragt Jim.

»Weiß auch nicht«, meint Lukas. »Aber ich glaube, wir müssen zurückfahren.«

---

1 **flimmern:** wie im Dampf, nicht klar zu sehen sein
2 **Nanu!:** Ausruf, wenn wir etw. Komisches sehen

Aber plötzlich ist das Gebirge ganz und gar weg. Etwas weiter weg sehen die Freunde plötzlich einen Meeresstrand mit Palmen. Jim schaut nach hinten hinaus. Da steht das rot-weiße Gebirge. Aber jetzt auf dem Kopf!

»Seltsam!«, brummt Lukas, die Pfeife zwischen den Zähnen.

»Was sollen wir machen?«, fragt Jim. »Wenn das so weitergeht, finden wir nie mehr unseren Weg.«

»Das Beste ist«, meint Lukas, »wir fahren erst mal weiter.« Sie fahren also weiter. Aber es wird nur noch schlimmer. Zum Beispiel sehen sie auf einmal große Eisberge über den Himmel schwimmen. Eisberge in der Wüste?

Jetzt steht die Sonne einmal rechts am Himmel, dann wieder links und oft sogar auf beiden Seiten. Nichts ist mehr normal.

»Ich weiß nicht«, murmelt Jim und schüttelt den Kopf, »mir gefällt das alles ganz und gar nicht …«

»Früher oder später«, erklärt Lukas. »kommen wir ja wieder aus diesem Traumland hinaus!«

Eine Weile fahren die Freunde weiter. Plötzlich schreit der Junge: »Lukas, da! Da is' – da is' ja Lummerland!«

Wirklich! Da ist Lummerland, mitten im blauen Meer. Der große und der kleine Gipfel sind da und das Schloss des Königs!

»Schnell!«, schreit Jim. »Schnell, Lukas! Lass uns hinfahren!«

Aber Emma fährt schon von allein in Richtung[1] Lummerland. Und vor dem Schloss steht Frau Waas mit einem Brief in der Hand. Sie weint.

»Frau Waas!«, schreit Jim, öffnet das Fenster. »Frau Waas, ich bin hier! Bleib da, wir kommen!«

Jetzt sind es nur noch zehn Meter! Und plötzlich verschwindet wieder alles. Und sie sehen nur noch die Wüste. Jim will es erst gar nicht glauben. Lummerland ist nicht mehr da. Still fahren sie weiter. Doch das Seltsamste kommt noch.

Plötzlich sehen sie nämlich eine andere Lokomotive, ganz genau wie ihre Emma. Und diese Lokomotive fährt in hundert Metern Abstand[2] neben ihnen her.

Lukas macht das Fenster auf und auch auf der anderen Maschine geht das Fenster auf und ein Lokomotivführer sieht aus dem Fenster.

»Na, dann wollen wir mal sehen«, meint Lukas.

Er fährt jetzt direkt auf die andere Lokomotive zu. Dann hält Lukas. Die andere Lokomotive hält auch. Lukas und Jim steigen aus. Zur gleichen Zeit steigen ein Lokomotivführer und ein kleiner schwarzer Junge aus der anderen Lokomotive. Lukas geht zu dem anderen Lukas und Jim zu dem anderen Jim. Die beiden Lukasse und

---

1 **die Richtung:** Ziel, auf das etw. zu geht
2 **der Abstand:** die Distanz

die beiden Jims wollen sich schon die Hände geben, da verschwinden der andere Jim, der andere Lukas und die andere Emma. Sie sind einfach weg.

Jim schaut auf den Boden vor sich. »Wie?«

Plötzlich pfeift Lukas und sagt: »Jetzt verstehe ich! Natürlich, das ist es!«

»Was?«, fragt Jim.

»Hast du schon mal was von der Fata Morgana gehört?«

»Nein«, antwortet Jim, »was für ein Vater?«

»Nicht Vater!«, lacht Lukas. »Fata Morgana! Komm zurück in die Emma, dann erkläre ich dir alles.«

Sie steigen wieder in ihr Führerhäuschen und Lukas erklärt seinem Freund Jim die Fata Morgana.

»Eine Fata Morgana sehen wir, wenn die Luft sehr heiß wird. Dann spiegelt sie wie ein Badezimmerspiegel[1]. Sie spiegelt aber nicht nur Dinge, die in der Nähe sind. Man sieht plötzlich Dinge, die weit, weit weg sind. Zum Beispiel kann es sein, dass Leute, die in der Wüste sind, ein Gasthaus sehen. Und wenn sie dann zum Gasthaus laufen, dann ist alles wieder weg.«

Jim sagt: »Ich glaube, du weißt einfach alles, Lukas.«

»Nein«, antwortet Lukas und lacht, »zum Beispiel weiß ich nicht, was das da vorne ist.«

Sie sehen beide auf den Weg.

»Siehst du?«, fragt Lukas. »Hier ist jemand gefahren.«

Sie fahren näher. Ganz klar! Da ist jemand gefahren.

»Aber wer?«, fragt Jim.

Lukas hält, steigt aus und sieht sich das genau an.

---

1 **der Spiegel:** im Spiegel sieht man sich selbst; z. B. im Bad

»Verflixt!«, sagt er dann. »Hier ist wirklich schon jemand vor uns gefahren. Und weißt du auch wer?«

»Nein. Wer denn?«

»Wir selbst.«

»Du lieber Himmel!«, ruft Jim. »Wie kommen wir nur aus dieser schrecklichen Wüste wieder heraus?«

»Die Fata Morgana«, brummt Lukas, »muss erst aufhören. Dann können wir weiterfahren.«

»Wann meinst du denn, dass die Fata aufhört?«, fragt Jim.

»Ich denke, nachts«, antwortet Lukas, »wenn es nicht mehr so heiß ist.«

Sie steigen also ins Führerhäuschen und ruhen sich aus. Jim schläft bald ein. Aber Lukas bleibt wach und denkt nach. Er macht sich Sorgen.

 **Übungen**

Sechzehntes Kapitel
in dem Jim eine wichtige Erfahrung macht

Es ist Abend. Lukas und Jim sitzen auf dem Dach ihrer Lokomotive. Sie essen die Reste und trinken den letzten Tee. Es ist nicht mehr so heiß. Die Luftspiegelungen sind verschwunden. Die Sonne, die am Horizont untergeht, ist die wirkliche Sonne. Und wie jeder weiß, geht sie immer im Westen unter. Deshalb kann Lukas jetzt ganz leicht sagen, wo Norden ist und wie er zu fahren hat. Sie fahren also los. Nach einer Weile sieht Jim etwas Sonderbares. Die Geier folgen ihnen nicht mehr. Sie fliegen zurück! Was ist passiert? Plötzlich pfeift Emma, hält an und fährt dann zurück. Ganz von allein.

»Nanu, Emma!«, ruft Lukas. »Was hast du denn?«

Jim will etwas sagen, da schaut er nach hinten hinaus. »Da!«

Lukas sieht nach hinten. Am Horizont steht ein Riese, so groß, dass selbst das himmelhohe Gebirge neben ihm ganz ganz klein scheint. Er hat einen langen weißen Bart bis auf die Knie. Auf dem Kopf trägt der Riese einen alten Hut. Der riesige Körper steckt in einem alten, langen Hemd.

»Oh!«, ruft Jim. »Das ist keine
Fata! Schnell weg, Lukas!
Vielleicht hat er uns noch
nicht gesehen.«

»Immer mit der Ruhe!«,
erwidert Lukas. »Hm, er sieht
nett aus«, findet er.

»W … w … was?«, fragt Jim.
Jetzt hält der Riese die Hand
hoch. Was will er?

der Bart

»Wenn er uns was tun will«,
sagt Lukas, »warum tut er
es nicht? Warum kommt er
nicht näher? Hat er Angst vor
uns?«

»Oh, Lukas!«, murmelt Jim
ängstlich, »Jetzt is' es aus mit
uns!«

»Glaub ich nicht«, erwidert
Lukas.

der Riese

Plötzlich hält der Riese beide Hände hoch und ruft:
»Bitte, bitte, ihr Fremden, lauft nicht fort! Ich will euch
nichts tun!«
»Mir scheint«, brummt Lukas, »das ist ein ganz harmloser[1]
Riese.«
»Vielleicht tut er nur so und ist sehr böse!«, ruft Jim voller
Angst. »Bitte, Lukas!«
»Du hast Angst vor ihm, nur weil er so riesengroß ist«,
antwortet Lukas.
Jetzt ruft der Riese: »Ach bitte, bitte, glaubt mir doch! Ich
will euch nichts tun, ich will nur mit euch reden. Ich bin so
allein, so schrecklich allein!«
»Der arme Mann kann einem ja leidtun«, sagt Lukas.
Voller Angst sieht Jim, wie Lukas das Fenster öffnet, die
Mütze vom Kopf nimmt und dem Riesen winkt[2]. Der
Riese steht langsam auf.
»Heißt das«, ruft er, »ich darf näherkommen?«
»Jawohl!«, schreit Lukas und winkt freundlich. Der Riese
kommt ein Stückchen näher. Dann bleibt er stehen und
wartet.
»Er glaubt uns nicht«, knurrt Lukas. Er steigt einfach aus
und geht los.
»Lukas!« ruft Jim. Er kann ihn doch nicht allein gehen
lassen! Er steigt auch aus und läuft Lukas nach.
»Warte doch, Lukas!«, sagt er. »Ich komm mit!«
»Na, siehst du!«, sagt Lukas. »Das ist schon viel besser!
Angst ist nicht gut. Wenn man Angst hat, sieht meistens
alles viel schlimmer aus, als es in Wirklichkeit ist.«

---

1 **harmlos:** nicht aggressiv
2 **winken:** mit der Hand grüßen

Der Riese sieht, wie der Mann und der kleine Junge aus der Lokomotive zu ihm kommen und lacht vor Freude.

»Also, Freunde«, ruft er, »dann komme ich jetzt!«

Aber was dann passiert, ist so seltsam, da stehen Jim Mund und Nase offen. Der Riese kommt immer näher und er wird immer … kleiner. Aus hundert Metern Abstand ist er nicht mehr viel größer als ein hoher Kirchturm. Nach weiteren fünfzig Metern ist er nur noch so groß wie ein Haus. Und am Ende, da steht er vor ihnen und ist genauso groß wie Lukas der Lokomotivführer. Vor den beiden Freunden steht ein magerer[1] alter Mann mit einem freundlichen Gesicht.

»Guten Tag!«, sagt er und nimmt seinen Hut ab. »Ich weiß gar nicht, wie ich euch danken soll! Ihr seid nicht vor mir weggelaufen. Seit vielen Jahren warte ich auf diesen Moment. Ach so – mein Name ist Tur Tur. Mit Vornamen heiße ich Tur und mit Nachnamen auch Tur.«

»Guten Tag, Herr Tur Tur«, antwortet Lukas. »Mein Name ist Lukas der Lokomotivführer.«

Nun stellt sich auch Jim vor, der Herrn Tur Tur noch immer mit offenem Mund anschaut: »Ich heiße Jim Knopf.«

»Ich freue mich wirklich sehr«, sagt Herr Tur Tur zu Jim. »Vor allem darüber, dass ein so junger Mann wie Sie, mein lieber Herr Knopf, gar keine Angst vor mir hat.«

»Oh … ach … ich … eigentlich …« Jim sagt nicht viel, aber er denkt: »Ich will nie wieder vor etwas oder vor jemandem Angst haben, den ich nicht aus der Nähe gesehen habe.«

---

1 **mager:** sehr dünn

»Wissen Sie«, sagt Herr Tur Tur jetzt wieder zu Lukas, »in Wirklichkeit bin ich nur ein Scheinriese. Deshalb bin ich so einsam[1].«

»Das müssen Sie uns näher erklären, Herr Tur Tur«, erwidert Lukas.

»Ich will es Ihnen gern erklären, so gut ich kann«, sagt Herr Tur Tur, »aber nicht hier. Darf ich Sie, meine Herren, in meine kleine Hütte[2] zu Gast laden?«

»Wohnen Sie denn hier?«, fragt Lukas verwundert. »Mitten in der Wüste?«

»Genau«, antwortet Herr Tur Tur, »ich wohne nämlich bei der Oase. Ich führe Sie hin.«

Aber Lukas will lieber mit Emma fahren. Auch Emma braucht ja frisches Wasser. Jetzt hat der Scheinriese Angst. Er hat noch nie eine Lokomotive gesehen. Aber Lukas stellt ihm Emma vor. Dann können sie alle drei einsteigen und losfahren.

 **Übungen**

Siebzehntes Kapitel

in dem der Scheinriese seine Besonderheit erklärt und sich dankbar zeigt

In Herrn Tur Turs Oase gibt es einen klaren, kleinen Teich[3]. Um den Teich ist alles grün. Zwischen Palmen

---

1 **einsam:** allein, ohne Freunde
2 **die Hütte:** kleines Haus, oft in den Bergen; auch für Hunde
3 **der Teich:** kleiner See

liegt ein niedriges, sauberes, weißes Häuschen. Lukas, Jim und Herr Tur Tur setzen sich um den Tisch und essen zu Abend. Es gibt leckeres Gemüse und zum Nachtisch einen Obstsalat. Herr Tur Tur ist nämlich Vegetarier. Die drei sitzen friedlich um den Tisch. Die alte Emma steht draußen neben dem Teich. Endlich frisches Wasser! Nach dem Essen zündet[1] Lukas seine Pfeife an und sagt: »Danke für das gute Abendessen, Herr Tur Tur. Aber jetzt möchte ich Ihre Geschichte hören.«

»Nun«, meint Herr Tur Tur, »da ist eigentlich nicht viel zu erzählen. Eine Menge Menschen haben doch etwas Besonderes. Herr Knopf zum Beispiel ist schwarz. So ist er von Natur aus und dabei ist weiter nichts Seltsames, nicht wahr? Warum soll man nicht schwarz sein? Aber so denken leider die meisten Leute nicht. Wenn sie selbst zum Beispiel weiß sind, dann finden sie nur ihre Farbe richtig und es stört sie, wenn jemand schwarz ist. So dumm sind die Menschen leider oft.«

»Und dann«, bemerkt Jim, »is' eine schwarze Haut[2] für Lokomotivführer doch sehr praktisch.«

Herr Tur Tur nickt und spricht weiter: »Sehen Sie, meine Freunde: Wenn einer von Ihnen jetzt aufsteht und weggeht, dann wird er doch immer kleiner und kleiner. Wenn er dann wieder zurückkommt, wird er langsam immer größer und am Ende in seiner wirklichen Größe vor uns stehen. In Wirklichkeit bleibt er immer gleich groß.«

»Richtig!«, sagt Lukas.

---

1 **anzünden:** mit Feuer anmachen
2 **die Haut:** was man an einer Person sieht: gelb, schwarz, braun oder weiß (rosa)

»Nun«, erklärt Herr Tur Tur, »bei mir ist das einfach das Gegenteil. Wenn ich weggehe, werde ich für die anderen immer größer. Das ist alles.«

»Sie meinen«, fragt Lukas, »Sie werden gar nicht wirklich riesengroß, wenn Sie weit weg sind. Es scheint nur so?«

»Sehr richtig«, antwortet Herr Tur Tur. »Deshalb sage ich, ich bin ein Scheinriese.«

»Das ist wirklich sehr interessant«, murmelt Lukas und zieht an seiner Pfeife. »Aber sagen Sie, Herr Tur Tur, waren Sie schon immer so, auch als Kind?«

»Ich war schon immer so«, sagt Herr Tur Tur traurig. »Ich hatte niemals Spielkameraden, weil alle Angst hatten. Sie können sich vielleicht denken, wie traurig ich war.«

»Und warum wohnen Sie jetzt hier in der Wüste?«, fragt Jim. Er ist traurig für den alten Mann.

»Das war so«, erklärt Herr Tur Tur. »Ich bin in Laripur geboren. Das ist eine große Insel. Meine Eltern sind gestorben und ich habe ein Land gesucht, wo die Leute keine Angst vor mir haben. Ich bin durch die ganze Welt gereist, aber es war immer das Gleiche. Dann bin ich in die Wüste gegangen. Da kann niemand Angst vor mir haben. Sie beide, meine Freunde, sind seit meinen Eltern die ersten Menschen, die keine Angst haben. Endlich kann ich mit jemandem reden. Jetzt weiß ich, dass ich in der Welt Freunde habe. Zum Dank dafür möchte ich gern etwas für Sie tun.«

Lukas denkt eine Weile nach. Endlich sagt er etwas: »Herr Tur Tur, Sie können uns wirklich sehr helfen!«

Und dann erzählt er, woher sie kommen, dass sie auf dem Weg in die Drachenstadt sind und die Prinzessin Li Si befreien wollen. Am Ende schaut Herr Tur Tur die beiden Freunde an und meint: »Sie haben wirklich keine Angst, wie? Ich glaube, dass Sie die Prinzessin befreien können, auch wenn es sicher sehr gefährlich ist, in die Drachenstadt zu fahren.«

»Können Sie uns denn bitte sagen, wie wir zur Drachenstadt kommen?«, fragt Lukas.

»Das finden Sie nicht allein«, antwortet Herr Tur Tur. »Ich fahre am besten mit Ihnen aus der Wüste hinaus. Aber ich kann nur bis zu den ›Schwarzen Felsen[1]‹ mitkommen. Von dort aus müssen Sie allein weiterfinden.«

»Also fahren wir gleich ab«, meint Lukas.

Schnell gehen alle drei hinaus zu der Lokomotive und fahren in die Wüste hinein.

 **Übungen**

Achtzehntes Kapitel
in dem die Reisenden dem Scheinriesen »Auf Wiedersehen« sagen

Es dauert noch nicht einmal drei Stunden, da sind sie schon an der nördlichen Grenze der Wüste. Und plötzlich hört alles auf. Es ist nichts mehr da, kein Boden, kein Himmel. Einfach gar nichts.

»Seltsam!«, sagt Lukas. »Was ist das?«

»Das ist die Region der ›Schwarzen Felsen‹«, erklärt Herr Tur Tur.

---

1 **der Fels:** großer Stein

Lukas hält Emma an und sie steigen aus.

»Die Stadt der Drachen«, beginnt Herr Tur Tur, »liegt in dieser Richtung. Wo genau weiß ich leider auch nicht. Aber Sie finden sie schon.«

»Gut«, meint Lukas, »aber was ist dieses Schwarze hier?«

»Müssen wir da vielleicht durch?«, fragt Jim.

»Das geht nicht anders«, antwortet Herr Tur Tur. »Sehen Sie, meine Freunde, es ist so: Die Drachenstadt liegt siebenhundert Meter höher als unsere Wüste. Der einzige Weg, der dort hinaufführt, geht hier durch die Region der ›Schwarzen Felsen‹.«

»Hier?«, fragt Jim verwundert. »Ich seh aber gar keinen Weg.«

»Nein«, sagt Herr Tur Tur ernst. »Man kann ihn auch nicht sehen. Das ist das Geheimnis der ›Schwarzen Felsen‹. Sie sind so schwarz, dass kein Licht bleibt. Hier gibt es nur tiefes Dunkel.«

»Aber wenn nichts zu sehen ist«, fragt Lukas, »wie kann man den Weg finden?«

»Die Straße führt von hier ganz gerade hinauf«, erklärt Herr Tur Tur. »Wenn Sie immer genau geradeaus fahren, kann nichts passieren. Aber Sie dürfen den Weg nicht verlassen! Links und rechts geht es ganz tief nach unten.«

»Wie schön!«, knurrt Lukas.

»An der höchsten Stelle«, erklärt Herr Tur Tur, »führt die Straße durch ein großes Steintor. Es heißt ›Der Mund des Todes[1]‹. Dort hören Sie ein schreckliches Heulen[2] und

---

1 **der Tod:** Subst. von „tot (sein)"
2 **heulen:** wie ein Wolf: „uhuuuu", auch ironisch für „weinen"

Stöhnen[1]. Das macht der Wind, der immer durch dieses Felsentor geht. Ich rate Ihnen noch etwas: Halten Sie die Türen der Lokomotive geschlossen. Der Wind ist hier so kalt, dass alles sofort zu Eis wird.«

»Danke für die guten Tipps!«, sagt Lukas.

»Dann sage ich Ihnen jetzt leb wohl«, meint Herr Tur Tur.

»Ich möchte lieber noch im Dunkeln nach Hause kommen. Sie wissen ja, die Fata Morgana.«

Sie geben sich die Hände und Herr Tur Tur bittet: »Wenn Sie beide wieder einmal in diese Wüste kommen, dann besuchen Sie mich doch.«

»Ganz sicher tun wir das!«, rufen Jim und Lukas.

Dann macht sich der Scheinriese auf den Heimweg und die beiden Freunde fahren los, mitten in die schwärzeste Dunkelheit.

Lukas macht Emmas Lichter an. Aber es hilft nichts. Die schwarzen Steine sind so schwarz, da ist das Licht sofort wieder weg. Immer kälter wird es auch. Lukas legt mehr Kohle nach, aber die Kälte kommt immer mehr durch die Fenster. Und sie kommen nur sehr, sehr langsam weiter. Jim hilft jetzt, denn Lukas muss immer schneller die Kohlen ins Feuer legen. Nur so kann das Wasser im Kessel noch kochen.

»Hoffentlich haben wir genug Kohle«, murmelt er.

Plötzlich hören sie es von weitem grässlich[2] heulen und stöhnen: »Huuuuiiiiuuuuiiiioooohhhh!«

Jim und Lukas bekommen Angst. Und dann kommt es wieder: »Aaaaaaauuuuuuuuuu!«, jetzt schon viel näher.

---

1 **stöhnen:** ein Mensch stöhnt, wenn er Schmerzen hat
2 **grässlich:** sehr schrecklich

»Keine Angst«, sagt Lukas, aber er hat selbst etwas Angst.

In diesem Augenblick bleibt Emma stehen und pfeift lange.

Sie ist nicht mehr auf dem geraden Weg.

»Verflixt!«, sagt Lukas und versucht ein paar Hebel[1].

Aber Emma fährt nicht weiter.

»Was hat sie denn?«, fragt Jim mit Angst in den Augen.

»Keine Ahnung«, knurrt Lukas. »Sie will nicht weiter. Wahrscheinlich sind wir nicht mehr auf dem geraden Weg.«

»Und was jetzt?«, flüstert Jim.

Lukas antwortet nicht.

»Das Feuer darf nicht ausgehen«, sagt er endlich.

»Aber wir können doch nicht einfach hier stehen bleiben«, meint Jim.

Lukas sagt nichts. Der ›Mund des Todes‹ scheint jetzt zu lachen: »Huhuhuhuhohohooooooo!«

»Wir schaffen das, alter Junge!«, sagt Lukas. Aber sicher ist er da nicht.

Was sollen sie tun? Nichts können sie tun. Aber sie müssen etwas tun! Jede Sekunde haben sie weniger Kohlen.

Aber dann passiert draußen etwas. Der Dampf aus Emmas Schornstein[2] wird nämlich in der Kälte zu Eis und fällt als Schnee herunter. Nach kurzer Zeit sind die schwarzen Felsen alle ganz weiß. Endlich Licht! Auf einmal ist der Weg zu sehen.

Lukas nickt Jim zu und sagt: »Jetzt wird alles gut!«

Nun kann Emma auch weiterfahren. Sie findet den geraden Weg wieder und es geht weiter.

---

1 **der Hebel:** Stock als Schalter, gibt Kommandos für eine Maschine
2 **der Schornstein:** Kamin; s. S. 56

»Huuuuuooooochchchchchchch!«, stöhnt der Wind. Fahren sie jetzt in das geöffnete Todestor hinein? »Oooooooaaaaaahhhhhhhh!«, heult es. Und dann kommen sie auf der anderen Seite des Felsentores heraus. »Hiiiiiiüüüü!«, stöhnt es noch einmal hinter ihnen, aber es macht ihnen keine Angst mehr. Sie haben nur noch wenig Kohle. Aber zum Glück führt der Weg nun nach unten, denn der ›Mund des Todes‹ liegt ja an der höchsten Stelle. Immer langsamer fährt die Lokomotive. Da, im allerletzten Augenblick, sehen sie Licht! Helles Sonnenlicht. Emma bleibt stehen.

»So, Jim«, sagt Lukas, »machen wir eine kleine Pause?«
»In Ordnung«, antwortet Jim.
Sie machen die Tür auf und warme Luft kommt herein.

 **Übungen**

Neunzehntes Kapitel
in dem Lukas und Jim einen kleinen Vulkan reparieren

Vor den beiden Freunden liegt ein Land der Vulkane. Hier spucken[1] tausende Berge Feuer. Manche sind so groß wie Häuser mit vielen Stockwerken, andere wieder sind nur ganz klein. Rauch und heiße Lava ist auf allen Seiten. Lukas und Jim schauen eine ganze Weile ins Land und sagen nichts.

---

1 **Feuer spucken:** Feuer kommt schnell und mit Kraft aus den Öffnungen der Vulkane

»Hier muss also die Stadt der Drachen liegen«, murmelt dann Lukas, »aber wo?«

»Ja, und wie kommen wir hin?«, fragt Jim. »Hier können wir nicht weiterfahren. Da bleiben wir in der heißen Lava stecken[1]! «

»Und selbst wenn …«, meint Lukas, »Wir haben auch keine Kohlen mehr.«

»Oh!«, antwortet Jim.

Plötzlich hört Jim etwas.

»Pst!«, sagt er, »hör mal!«

Und da ist es wieder. Aber was? Ein Weinen?

»Das ist doch eine Stimme[2]!«, flüstert Jim.

»Stimmt«, sagt Lukas, »wollen doch mal sehen.«

Sie stehen auf. Woher kommt die Stimme? Bald haben sie die Stelle gefunden. Das Weinen kommt aus einem Vulkan ganz in der Nähe. Aber dieser Vulkan spuckt kein Feuer, er raucht nicht mal. Jim und Lukas steigen auf den Berg und schauen von oben in das Kraterloch hinein. Da ist es wieder: das Weinen!

»Ach, ich kann nicht mehr! Ooooh, ich Armer …!«

Aber zu sehen ist nichts, es ist stockfinster[3] im Vulkan.

»Hallo!«, ruft Lukas. »Ist da jemand?«

Erst ist es still, aber plötzlich hören sie ein fürchterliches Schreien. Da kommt aus dem Loch ein dicker Kopf mit großen runden Augen, ein Kopf wie der von einem Nilpferd[4]. Der Kopf sitzt auf einem kleinen Körper. Da steht es und schreit: »Ich bin ein Drache! Puh!«

---

1 **stecken bleiben:** im Boden festgehalten werden; nicht weiter können
2 **die Stimme:** hört man, wenn man spricht
3 **stockfinster:** sehr sehr dunkel
4 **das Nilpferd:** Hippopotamus, Flusspferd

»Das freut mich«, sagt Lukas, »ich bin Lukas der Lokomotivführer.«
»Und ich bin Jim Knopf«, erklärt Jim.

der Drache

der Krater

Der Drache schaut die beiden Freunde verwundert an und fragt dann: »Ja, habt ihr denn gar keine Angst vor mir?«
»Nein«, antwortet Lukas, »warum denn?«
Da weint der Drache schrecklich und dicke Tränen rollen.
»Hu hu hu!«, heult das kleine Ungeheuer[1]. »Nicht mal Menschen haben Angst vor mir! Hu hu huuuuuuuu!«
»Jeder normale Mensch bekommt ganz sicher Angst vor dir! Nur wir beide haben leider nie Angst«, sagt Lukas.
»Ja!«, ruft Jim. »Aber wir sind Leute, die niemals Angst haben. Sonst ja, vor dir sicher! Du siehst doch sehr schrecklich aus.«
»Ja«, meint Jim, »du bist ein ganz furchtbarer[2] Drache!«

---

1 **das Ungeheuer:** Monster
2 **furchtbar:** sehr schrecklich

»Wirklich?«, fragt der Drache und lacht.

»Ganz sicher«, sagt Jim. »Findet denn jemand, dass du kein richtiger Drache bist?«

»Ja, huuuuuhuhuuuuuuuuu!«, antwortet der Drache und weint wieder. »Die richtigen Drachen lassen mich nicht in die Drachenstadt hinein. Ich bin für sie nur ein Halbdrache. Nur weil meine Mutter ein Nilpferd ist! Aber mein Vater war ein richtiger Drache.«

Lukas und Jim sehen sich an. Dieser Halbdrache kann ihnen sicher sagen, wie sie weiterfahren müssen.

»Bist du deshalb so unglücklich?«, fragt Lukas.

»Ach nein«, antwortet der Halbdrache, »aber heute ist mein Vulkan aus und das Feuer geht nicht an. Ich versuch es wieder und wieder, aber es hilft nichts.«

»Na, dann lass uns doch mal schauen!«, bot Lukas an. »Wir sind Lokomotivführer und von Feuer verstehen wir etwas.«

Der Halbdrache macht runde Augen.

»Könnt ihr das Feuer wieder anmachen?«, fragt er. »Ach so, ich heiße Nepomuk.«

Sie steigen durch den Krater in den Vulkan. Viel Platz ist hier unten. Links liegt ein riesiger Kohlenberg, rechts der große Herd. Alles ist ganz schwarz.

»Hübsch hast du's hier, Nepomuk«, sagt Lukas und schaut auf den Kohlenhaufen.

Lukas sieht sich den großen Herd an. Nach ein paar Minuten findet er den Fehler schon.

»Aha!«, sagt er. »Der Rauch zieht nicht ab.«

»Dauert die Reparatur lange?«, fragt Nepomuk.

»Ich will sehen«, antwortet Lukas. »Jim«, sagt er, »hol doch schnell mal den Werkzeugkasten!«

»In Ordnung«, antwortet Jim und ist ganz schnell mit dem Werkzeugkasten und der Taschenlampe wieder zurück.

»So, mein lieber Nepomuk!«, sagt Lukas. »Jetzt sehen wir mal.«

Lukas macht nur den Kamin sauber. Alles ist schnell repariert. Aber die beiden Freunde sitzen da und klopfen gegen den Herd und den Kessel.

Nach einer Weile meint Lukas leise zu Jim: »So, ich denke, jetzt ist es genug.«

Sie hören auf zu klopfen und Lukas zündet das Feuer im Herd an. Der Rauch zieht oben zum Loch hinaus.

»Vielen Dank!«, sagt Nepomuk.

»Bitte, gern!«, antwortet Lukas. »Ich habe aber nun auch eine kleine Bitte.«

»Ja? Was denn?«, fragt Nepomuk, der Halbdrache.

»Weißt du«, sagt Lukas, »wir haben nämlich keine Kohlen mehr. Du hast doch einen ganz schönen Berg davon. Meinst du, wir können uns ein paar Kohlen nehmen?«

»Aber gerne!«, ruft Nepomuk.

Schnell klettert[1] er in seinen Vulkan hinunter und kommt gleich mit Eimern voll Kohlen wieder. Bald ist der Tender voll.

»Vielen Dank, Nepomuk!«, sagt Lukas. »Das ist wirklich sehr, sehr nett von dir. Möchtest du vielleicht gern mit uns Abendbrot essen?«

»Was habt ihr denn?«, fragt Nepomuk.

---

1 **klettern:** sich mit Händen und Füßen an etw. hoch oder runter bewegen

»Tee und belegte Brote«, antwortet Jim.

Nepomuk ist nicht erfreut.

»Ach nein, danke«, sagt er. »Ich esse lieber eine große Portion Lava.«

Für sie ist das nichts. Also holen sich die beiden Freunde ihre Brote und Nepomuk holt sich seinen Kessel voll Lava. Sie setzen sich zusammen und essen zu Abend. Dann erst sagt Lukas: »Wir möchten gerne in die Drachenstadt. Weißt du, wie man dorthin kommt, Nepomuk?«

»Natürlich weiß ich, wie man hinkommt«, antwortet Nepomuk. »Was wollt ihr denn dort?«

Sie erklären ihm kurz ihren Plan. Als sie damit fertig sind, meint Nepomuk: »Seht ihr dort den hohen Gipfel?«

Er meint den riesigen Vulkan in der Mitte des Landes.

»In diesem Berg«, erklärt er, »liegt Kummerland, die Stadt der Drachen. Der Gipfel ist oben offen. Es ist ja ein Vulkan«, erklärt Nepomuk weiter. »Viele tausend Drachen wohnen dort.«

»Und wie kommt man in die Drachenstadt hinein?«, fragt Lukas.

»Ja, das ist es ja«, stöhnt Nepomuk. »Ihr kommt nicht in die Stadt. Ich ja auch nicht.«

»Aber es muss doch einen Eingang geben?«, fragt Jim.

»Das ja«, antwortet Nepomuk, »es gibt einen. Aber dieser Eingang wird Tag und Nacht von Drachen bewacht. Und an diesen Drachen kommt niemand vorbei. Nur wer wie ein richtiger Drache aussieht.«

»Wie sehen denn richtige Drachen aus?«, fragt Jim.

»Ach, einer so, der andere anders«, antwortet Nepomuk. »Sie dürfen vor allem nicht wie ein anderes Tier aussehen.

Ich zum Beispiel sehe leider ein wenig so wie meine Mutter aus, ein Nilpferd. Ja, und ein Drache muss natürlich Feuer und Rauch spucken können.«

Alle drei denken nach. Endlich hat Jim eine Idee: »Vielleicht können wir Emma einfach als Drachen verkleiden[1]?«

»Jim!«, ruft Lukas. »Das ist eine ganz fantastische Idee!«

»Ja, wirklich«, meint auch Nepomuk. »Das kann klappen!«

»Jetzt bleibt nur noch die Frage«, meint Lukas, »wie kommen wir bis zu dem Berg?«

»Nun, das ist ganz einfach«, antwortet Nepomuk. »Ich führe euch hin, dann kann euch nichts passieren.«

»Sehr gut!«, sagt Lukas. »Dann wollen wir unsere gute alte Emma als Drachen verkleiden.«

Nepomuk holt einen Topf mit roter Farbe. Jim und Lukas holen Decken. Die kommen auf das Führerhäuschen. Nepomuk bringt noch einen großen Topf Lava. Mit der modelliert er Emma oben einen großen Buckel[2] und vorn eine lange hässliche Nase. Bald wird die Lava kalt und hart wie Beton. Und am Ende malen sie mit der roten Farbe ein grässliches Drachengesicht auf Emma. Bei Sonnenuntergang sind sie fertig. Emma sieht aus wie ein ganz schrecklicher Drache.

 **Übungen**

---

1 **verkleiden:** mit einem Kostüm / einer Maske eine neue Identität bekommen
2 **der Buckel:** da geht es hoch; wie ein kleiner Berg

Zwanzigstes Kapitel
in dem Emma von einem reinrassigen[1] Drachen zu einem Spaziergang eingeladen wird

Am nächsten Morgen fahren die drei früh los. Nepomuk sitzt ganz vorn auf Emmas Kessel. Sein dünner Schwanz[2] geht einmal nach rechts, dann wieder nach links. So wissen sie die richtige Richtung. In der Nähe der Eingangshöhle zur Drachenstadt springt Nepomuk von der Lokomotive. »So«, erklärt er. »Jetzt findet ihr schon allein weiter. Ich lauf lieber wieder nach Hause.«

Lukas und Jim fahren mit Emma weiter. Wenige Minuten später kommt Emma an den Eingang zur Drachenstadt. Es ist ein riesiges, schwarzes Loch. Rauch kommt heraus. Über dem Eingang hängt ein Steinschild:

! Achtung ! Der Eintritt für nicht reinrassige Drachen bei Todesstrafe[3] verboten

Sie fahren hinein. Auf halbem Weg sehen sie plötzlich im Dunkeln zwei rote, helle Augen, so groß wie Fußbälle. Langsam, ganz langsam fährt die Lokomotive zu den beiden roten Fußbällen. Es sind die Augen eines Drachen, der ist fast dreimal so groß und dick wie Emma. Der Kopf hat Größe und Form eines kleinen Schranks. Das Ungeheuer sitzt mitten auf dem Weg. Emma bleibt vor ihm stehen.

---

1 **reinrassig:** Eltern, Großeltern und so weiter sind alle die gleiche (Tier-) Art (hier: Drachen)
2 **der Schwanz:** hinten am Hund, an der Katze, am Drachen
3 **die Todesstrafe:** wenn man etw. Schlimmes getan hat, muss man sterben

»Hua! Hua! Hua!«, lacht der Drache. »Du hast aberrrrr ein Paarrrr hübsche Augen!«

»Er denkt, Emma ist ein Drachenfräulein«, flüstert Lukas.

»Hua! Hua! Hua! Du gefällst mirrrr.«

Jim und Lukas schauen vorsichtig hinaus. Emmas Freund aber hört nicht auf.

»Ssssssssag mir deine Adrrrrressssse, dann hol ichchchch dichchchch späterrrr zzzzu einem kleinen Spazzzierrrrrrrgang ab.«

»Jetzt wird's gefährlich!«, flüstert Lukas. »Hoffentlich wird er nicht böse.«

»Chchchch!«, der Drache ärgert sich. »Gesprrrrächig[1] bissssst du ja nichchchcht gerrrade, du dicke Drrrachenwurrrrrst!«

Jim und Lukas werden unruhig.

»Grrrrr!«, der Drache spuckt böse grünes Feuer. »Also machchch, dasssssss du weiterrrrkommst! Chchchchch!«

»Gott sei Dank!«, sagt Jim leise.

Emma fährt so schnell wie möglich weg. Bald sehen sie die Stadt der Drachen, eine richtige Großstadt. Die Häuser sind aus riesigen grauen Steinen und hunderte von Stockwerken hoch, die Straßen wie dunkle Schluchten. Man kann vielleicht gerade noch ein kleines Stückchen Himmel sehen. Aber dieses kleine Stückchen Himmel ist ganz dunkel von dicken Rauchwolken. Die steigen aus der Stadt auf, wo Drachen zu tausenden in den Straßen herumlaufen. Feuer und Rauch kommen aus ihren Mäulern[2], Nasen und Ohren. Es ist sehr laut. Die Drachen

---

1 **gesprächig:** ist jmd., der viel spricht
2 **das Maul:** Mund vom Tier

schreien, knurren, streiten sich, husten, heulen, lachen, pfeifen, zischen[1] und ich weiß nicht, was noch alles.

Nur etwas sehen die beiden Freunde nicht: Kinder. Keine Drachenkinder und keine anderen. Richtige Drachen bekommen nämlich keine Kinder. Warum auch? Sie sterben ja nicht, nur wenn jemand sie tötet. Und andere Kinder gibt es natürlich auch nicht. Wie man sieht, trägt diese Stadt ganz richtig den Namen: Kummerland.

 **Übungen**

Einundzwanzigstes Kapitel
in dem Jim und Lukas eine Schule in Kummerland kennenlernen

Wie aber sollen die beiden Freunde in dieser riesigen Stadt die ›Alte Straße‹ finden? Sie können ja nicht einfach aussteigen und einen Drachen fragen. Es gibt nur die eine Möglichkeit: Sie müssen einfach suchen. Und sie haben Glück. Schon an der nächsten Straßenkreuzung sieht Lukas an einer Ecke ein Steinschild: ›ALTE STRASSE‹ Und da sehen sie auch schon das Haus Nummer 133.

»Schön«, sagt Lukas, »dann los!«

Lukas fährt Emma vorsichtig durch das riesige Haustor. Sie kommen in ein Treppenhaus[2], das so groß ist wie eine Bahnhofshalle. Die Treppe führt höher und höher hinauf. Es ist dunkel. Die Treppe hat keine Stufen, sie

---

1 **zischen:** „zssszsss", scharfer Ton
2 **das Treppenhaus:** Teil / Raum in einem Haus, wo die Treppe ist

steigt wie eine Straße nach oben. Emma kann so ganz bequem hinauffahren, bis in die dritte Etage. Vor der ersten Tür links bleiben sie stehen. Sie ist sehr hoch und breit. Aber leider steht vor dem Loch ein riesiger Stein. Auf dem steht etwas. Lukas liest Jim leise vor: »FRAU MAHLZAHN. GEFÄLLIGST 3 MAL KLOPFEN! BESUCH UNERWÜNSCHT.«

»Sollen wir klopfen?«, fragt Jim.

Lukas schaut vorsichtig nach allen Seiten. Da kein Drache in der Nähe ist, steigt er schnell aus. Er drückt die große Steinplatte weg. Mit viel Anstrengung[1] schafft er es. Lukas klettert in das Führerhaus zurück und fährt mit Emma in die Wohnung. Dann hält er noch einmal an, steigt aus und macht das Loch mit der Steinplatte wieder zu. Dann holt er Jim aus dem Führerhäuschen.

Sie lassen Emma stehen und schleichen[2] den langen dunklen Flur[3] entlang. An jeder Tür bleiben sie stehen und schauen vorsichtig in die Räume hinein. Niemand ist zu sehen, kein Mensch und kein Drache. Alle Möbel in den Zimmern sind aus Steinen: Steintische, Steinsessel, Steinsofas, auf denen Steinkissen liegen. Fenster gibt es nicht, nur sehr hoch oben in den Wänden Löcher, durch die wenig Tageslicht hereinkommt. Am anderen Ende des Flurs hören sie plötzlich aus dem letzten Zimmer eine hässliche Stimme, die laut und böse schreit. Dann ist es wieder still. Nichts zu hören? Doch! Eine ängstliche

---

1 **die Anstrengung:** Kraft, Energie
2 **schleichen:** leise gehen
3 **der Flur:** Korridor, langer Gang mit Türen

Kinderstimme. Die Freunde schleichen schnell zur Tür dieses Raumes und sehen hinein.

Vor ihnen ist ein großer Saal mit drei Reihen steinerner Schultische. Da sitzen zwanzig Kinder aus vielen Ländern: Indianerkinder und weiße Kinder und kleine Eskimos und braune Jungen mit Turbanen auf dem Kopf und in der Mitte sitzt ein ganz süßes kleines Mädchen mit zwei schwarzen Zöpfen und einem freundlichen Gesicht wie eine mandalanische Porzellanpuppe. Das ist sicher Prinzessin Li Si, die Tochter des Kaisers von Mandala.

Alle Kinder sitzen in Ketten da. An der hinteren Wand des Zimmers steht ein riesiger Tisch aus Stein. Dahinter sitzt ein ganz besonders scheußlicher Drache. Er ist noch ein gutes Stück größer als Emma, die Lokomotive, aber sehr viel dünner, richtig mager. In der Tatze[1] hält er einen Bambusstock. Aus dem großen Maul schaut ein einziger langer Zahn heraus. Das muss Frau Mahlzahn sein.

Die Kinder sitzen alle sehr gerade und sehr still da. Sie schauen mit Augen voller Angst auf den Drachen.

»Wie eine Schule«, flüstert Lukas Jim ins Ohr.

»Ojemine!«, sagt Jim, der keine Schule kennt. »Is' Schule immer so?«

»Gott sei Dank nicht!«, brummt Lukas.

»Rrrrrruhe!«, schreit jetzt der Drache. »Werrr flüstert da?«

Lukas und Jim ziehen ihre Köpfe zurück. Es ist ganz still in der Klasse. Jim schaut immer wieder zu der kleinen

---

1 **die Tatze:** „Hand" von Drachen und von Katzen

Prinzessin hin. Sie gefällt ihm zu gut. Jim weiß: Er muss sie retten[1].

Der Drache sieht die Kinder böse an und schreit: »Achchch, ihrrr wollt mirrrr nichchcht antworrrten, werrr da flüsterrrt? Na, warrrtet nurrrr!«

Plötzlich fragt das Ungeheuer: »Wiiiie viiiiel issssst – siiiieben mal achchcht? Du da!«

Ein Indianerjunge, zu dem jetzt der Drache mit seinem Stock geht, springt auf. Er ist noch sehr klein, vielleicht erst vier oder fünf Jahre alt. Er starrt Frau Mahlzahn aus großen Augen an und antwortet: »Sieben mal acht ist – sieben mal acht – das ist – das ist –«

»Das ist, das ist!«, schreit der Drache. »Und?«

»Zwanzig«, sagt der kleine Indianerjunge.

»Sssso?«, fragt der Drache und lacht. »Wassss du nichchcht sagst. Zwanzig ist dasssss? Du weißßßt es also nichchcht? Du bisssst dasss dümmste und faulste Kind, das ich kenne. Da gibt es eine Strafe[2]!«

Der Drache geht zu dem Jungen. Die Strafe gibt es mit dem Bambusstock. Dem kleinen Indianer stehen die Augen voller Tränen, aber er weint nicht.

Jetzt fragt der Drache: »Wiiiie viiiiel isst also siiiieben mal achchcht? Li Si?«

Jim hat große Augen voller Angst. Der Stock für seine Prinzessin? Das darf nicht sein.

Die kleine Prinzessin steht auf und sagt mit einer süßen Stimme, so süß wie das Zwitschern eines kleinen Vogels: »Sieben mal acht ist sechsundfünfzig.«

---

1 **retten:** helfen; in Sicherheit bringen
2 **die Strafe:** wer etw. Böses macht, bekommt eine Strafe

»Achchch!«, zischt der Drache. »Und wiiie viiiel isssst drrreizehn weniger sechchchsss?«

»Dreizehn weniger sechs«, antwortet Li Si, »ist sieben.«

»Bahhhh!«, macht der Drache. »Du findest dich wohll sehrrr klug, wasssss? Aber warrte nurrrr!«

Jetzt flüstert Lukas: »Jim! Hör zu: Wir wollen erst mit dem Drachen reden. Vielleicht lässt er die Kinder ja gehen. Sonst brauchen wir Gewalt[1], was ich nicht mag.«

»Wie wollen wir's denn machen, Lukas?«

»Erzähl dem Drachen, was du willst. Aber sage ihm nichts von Emma und mir! Ich warte mit Emma hier draußen und wenn es sein muss, dann kommen wir dir zu Hilfe. Alles klar?«

»In Ordnung«, sagt Jim.

»Mach's gut!«, flüstert Lukas und ist weg. Er will die Lokomotive holen.

Der Drache läuft in diesem Moment zu Li Si und schreit: »Ssssssssssso, und jetzt denkssst du, das ärrrrgerrrrt mich, dass du keinen Fehlerrr machchchchst, du hochchchnäsiges[2] Mädchchchen!«

Die Prinzessin sagt nichts. Was soll sie antworten?

Der Drache nimmt den Stock und geht zur kleinen Prinzessin. Plötzlich ruft eine helle Jungenstimme: »Frau Mahlzahn! Sie dürfen Li Si nichts tun.«

Es ist Jim.

»He, du schwarrrrzer Junge!«, zischt der Drache. »Wo kommst du denn her und werrrr bist du?«

---

1 **die Gewalt:** körperliche Stärke, Kraft; kämpfen ist nötig
2 **hochnäsig:** arrogant; sich besser als andere fühlen

»Ich bin Jim Knopf«, antwortet Jim ruhig. »Ich komme aus Lummerland und will die Prinzessin Li Si befreien. Und die andern Kinder auch.«
Alle Kinder schauen Jim mit großen Augen an.
Der Drache fragt sehr freundlich: »Kommst du von der ›Wilden Drrrrreizehn‹, mein Kleinerrrrr?«
»Nein«, antwortet Jim.
»Bissst du von allein zu mirrr gekommen?«, zischt er, »vielleichchcht, weil du michchchch gerrrrn hast?«
»Nein«, antwortet Jim, »das nicht. Aber ich will wissen, wo ich herkomme und da können Sie mir vielleicht helfen. Denn das Paket, in dem ich nach Lummerland gekommen bin, war von einer Dreizehn an eine Frau Malzaan oder so ähnlich.«
»Achchchch!«, antwortet der Drache und lacht. »Duuuuu bist das! Ich warte schon lange auf dichchch.«
Jim hat Angst, aber er fragt: »Können Sie mir vielleicht sagen, wer meine richtigen Eltern sind?«
»Du brauchst nicht längerrrr zu suchen, mein Goldkind«, lacht der Drache wieder. »Du gehörrrst nämlich mirrrrrrrr! Ich habe dichchchch dochchch von der ›Wilden Dreizehn‹ gekauft!«, knurrt der Drache.
»Das is' mir egal«, antwortet Jim. »Ich fahr lieber wieder nach Lummerland. Und die Prinzessin nehme ich mit.«
Der Drache geht langsam auf Jim zu.
»Als errrrstessss«, zischt er. »Gibt es jetzt den Stock, mein Herzzzzzchen!«
Er will Jim packen. Aber der ist schneller. Jim läuft durch das Klassenzimmer. Der Drache läuft hinter ihm her. Er wird immer böser. Und bald kann Jim nicht mehr weiter.

87

Da endlich hört er Emma pfeifen. Der Drache sieht durch den Rauch ein Ungeheuer hereinkommen, nicht ganz so groß wie er selbst, aber dicker und stärker.

»Wasssss wollen Sie hierrrrr?«, schreit der Drache.

Emma fährt schnell auf ihn zu. Ein wilder Kampf beginnt. Der Drache heult und schreit und spuckt pausenlos Feuer und Rauch gegen Emma. Aber Emma hat keine Angst. Sie spuckt ebenfalls[1] Feuer und Rauch und fährt wieder und wieder vor.

Frau Mahlzahn

Emma mit Drachenverkleidung

Dann fährt Emma noch einmal vor, der Drache fällt auf den Rücken und bleibt liegen. Lukas springt aus dem Führerhäuschen und ruft: »Schnell, Jim! Wir müssen ihn in Ketten legen!«

»Aber wie?«, fragt Jim.

»Hier, am Hals trägt der Drache die Schlüssel!«, schreit der kleine Indianer. »Nehmt ihm die Schlüssel ab.«

Jim springt zu dem Drachen und nimmt ihm die Schlüssel ab. Schnell befreit er die Kinder. Er legt dem Drachen die

---

1 **ebenfalls:** auch

Ketten der Kinder an. Erst ums Maul, dann an den Vorder- und Hinterbeinen.

»So!«, sagt Lukas zufrieden. »Jetzt kann nicht mehr viel passieren.«

Erst einmal gibt es natürlich ein riesiges Hallo. Alle lachen und schreien vor Freude. Die Kinder bedanken sich wieder und wieder bei Jim und Lukas.

»So, Leute«, sagt nach einer Weile Lukas zu den Kindern, »wie kommen wir am besten aus dieser ungemütlichen Drachenstadt heraus?«

Plötzlich fragt Jim: »Li Si, du hast doch eine Flaschenpost geschickt! Wo ist der Fluss?«

»Hinter dem Haus«, antwortet die Prinzessin.

Sie führt die beiden Freunde in ein Zimmer auf der anderen Seite des Flurs. Dort stehen zwanzig kleine Betten aus Stein. Es ist der Schlafsaal für die Kinder. Wenn man auf eines der Betten steigt, kann man oben durch ein Felsenloch nach draußen schauen. Und wirklich – dort unten ist ein Fluss, der schnell sehr breit wird und aus der Stadt herausführt.

»Wenn Li Sis Flaschenpost auf diesem Fluss bis nach Mandala schwimmen kann«, meint Jim, »dann müssten wir's doch auch können.«

»Das ist eine Idee!« brummt Lukas. »Passt auf, Leute«, sagt er jetzt, »wir fahren heute Nacht. Im Dunkeln schwimmen wir auf unserer Lokomotive aus der Drachenstadt hinaus und morgen früh sind wir schon weit weg von hier. Jetzt schlafen wir aber alle noch ein bisschen.«

Das tun sie. Nur Lukas sitzt in einer Ecke des Zimmers, raucht seine Pfeife und passt auf. Dann wird es dunkel und sie fahren los.

 **Übungen**

Zweiundzwanzigstes Kapitel
in dem die Reisenden unter die Erde[1] kommen und wundervolle Dinge sehen

Lukas weckt die Kinder.
»Was machen wir eigentlich mit dem Drachen?«, fragt Jim.
»Sollen wir ihn liegen lassen?«
Lukas schüttelt den Kopf: »Nein, er soll doch nicht sterben. Wir haben ihn besiegt[2] und jetzt wollen wir fair[3] sein. Aber wir müssen ihn mitnehmen. Wir lassen ihn hinter uns her schwimmen. Das eine Ende der Kette machen wir an Emma fest und das andere an dem Zahn des Drachen.«
Sie ketten den Drachenzahn an. Lukas bittet die Kinder auf die Lokomotive zu klettern. Nur er und Jim bleiben noch unten. Lukas führt Emma, Jim öffnet die Ketten an den Vorder- und Hinterbeinen des Drachen.
Die Lokomotive fährt los. Der Drache öffnet die Augen und steht langsam auf. Er stöhnt vor Schmerz, denn der Zahn hängt an einer Kette. Dann geht er hinter Emma her.

---

1 **die Erde:** der Boden; auch: die Welt
2 **gewinnen:** bei einem Kampf der Erste / Beste sein
3 **fair:** sportlich, korrekt; alle sind gleich

Langsam und leise geht es nach unten und auf die Straße. Vorsichtig fährt Lukas die Lokomotive um das Haus und zum Fluss. Er rät den Kindern: »Bleibt nur ganz ruhig sitzen!«

Emma rollt[1] von allein weiter. Schnell springen die beiden Freunde auf.

»Festhalten!«, ruft Lukas.

Jetzt fahren sie in den Fluss. Schnell trägt er sie fort. Der Drache schwimmt hinter ihnen. Leise fahren sie durch die nächtliche Drachenstadt. Wo führt dieser Fluss nur hin? Er wird jetzt immer schneller.

»Achtung!«, ruft Lukas plötzlich, dann geht es durch ein Felsentor in die Dunkelheit. Immer schneller fahren sie. Sie sehen nichts mehr. Die schnelle Fahrt geht nach unten, tiefer und tiefer unter die Erde. Die Kinder machen die Augen zu und halten sich fest.

Endlich wird der Fluss etwas langsamer und beruhigt sich. Nach und nach öffnen alle wieder ihre Augen. Lukas fragt laut: »Alle noch da?« Die Kinder brauchen eine ganze Weile. Dann antworten sie: »Alles in Ordnung!«

»Und was macht der Drache?«, fragt Lukas nach hinten. »Hängt er noch an der Kette?«

Ja, auch der Drache ist noch da.

»Wo sind wir eigentlich?«, will ein kleiner Junge mit einem Turban auf dem Kopf wissen.

»Keine Ahnung«, antwortet Lukas, »ich hoffe, es wird bald heller.« Und er zündet sich seine Pfeife an.

»Ganz sicher sind wir auf dem Weg nach Ping!«, erklärt Jim.

---

1 **rollen:** ohne Motor fahren, z. B. von einem Berg nach unten

Wie viele Stunden sie so fahren, wissen sie nicht. Mal wird der Fluss schneller, mal langsamer. Plötzlich fahren sie zum zweiten Mal durch ein Felsentor und auf wildem Wasser fährt Emma mit ihren Passagieren und dem Drachen ins Freie hinaus. Der Fluss fließt[1] jetzt ruhig und majestätisch. Zu beiden Seiten stehen riesige Bäume. Sie sind durchsichtig. Und dann fährt die Lokomotive unter einer Brücke durch – eine Brücke aus Porzellan! Die Reisenden sehen sich um. Sie können nicht glauben, was sie sehen.

»Hurra!«, ruft Li Si plötzlich. »Das ist Mandala! Wir sind in meinem Land! Jim! O Jim, ich freue mich, ich freue mich, ich freue mich!«

Vor Freude gibt sie ihm einen Kuss auf den Mund. Jim steht wie vom Blitz[2] getroffen da.

---

1 **fließen:** so bewegt sich Wasser
2 **der Blitz:** helles Licht bei Gewitter; vom Blitz getroffen: sehr überrascht

Lukas sieht das natürlich. »Willst du nicht deine Geschichte erzählen, Li Si?«, fragt er.

 **Übungen**

Dreiundzwanzigstes Kapitel
in dem die Prinzessin ihre Geschichte erzählt und Jim sich plötzlich ärgert

»In den großen Ferien«, beginnt Li Si zu erzählen, »bin ich am Meer. Drei ältere Hofdamen[1] kommen mit. Die passen auf mich auf. Die Hofdamen sagen mir jeden Tag, ich soll nur in der Nähe des Schlosses spielen. Eines Tages wird mir das zu langweilig und ich laufe doch weg. Ich laufe am Strand entlang, immer weiter von dem Schloss fort. Auf einmal sehe ich draußen auf dem Meer ein Schiff, das schnell näherkommt, direkt zu mir. Es hat blutrote Segel und auf dem größten steht mit schwarzer Farbe eine riesige 13.«

»Jetzt wird's interessant!«, brummt Lukas.

»Das Schiff kommt ganz nah«, erzählt die Prinzessin. »Und dann springt ein großer Mann an Land. Er hat Messer und Pistolen und trägt große goldene Ohrringe. Er sieht mich und ruft: ›Ha, ein kleines Mädchen! Dich können wir verkaufen!‹

Ich will schnell weglaufen, aber er packt mich und nimmt mich einfach mit auf sein Schiff. Da gibt es noch viele andere Männer, die sich alle ganz ähnlich sind.

---

1 **die Hofdame:** Dame, die für den König oder die Königin arbeitet

Zuerst stecken mich die Seeräuber in einen Käfig und hängen ihn dann oben an den Mastbaum.

Am Abend setzen sich die Piraten um den Mast, trinken und singen schreckliche Lieder. Ich glaube, es sind wirklich dreizehn, wie auf ihrem Segel steht.«

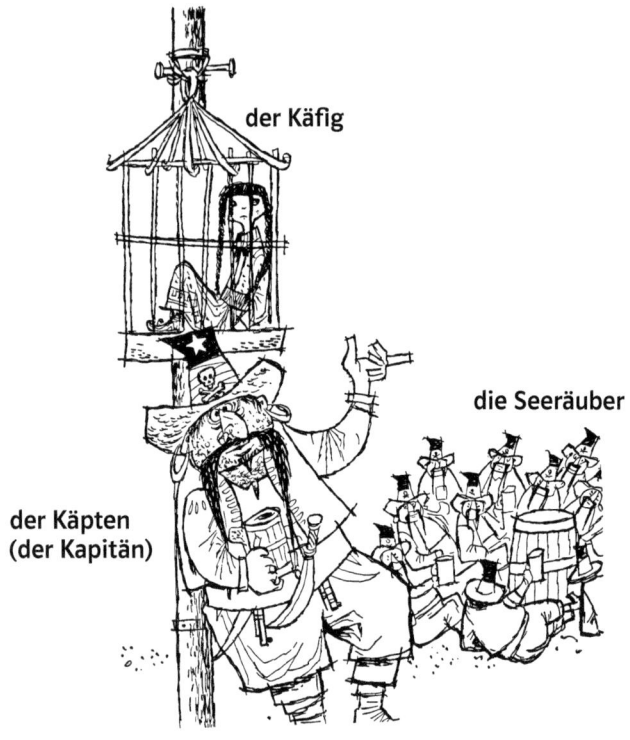

der Käfig

die Seeräuber

der Käpten
(der Kapitän)

»Und ich verstehe jetzt. Der Absender auf meinem Paket war eine 13«, bemerkt Jim.

Li Si erzählt weiter: »Am zweiten Tag höre ich, wie der Käpten zu den anderen sagt: ›Hört zu, Brüder! Morgen um Mitternacht treffen wir uns wieder mit dem Drachen. Er wird sich freuen.‹ Dabei schaut er zu mir nach oben und lacht. In der nächsten Nacht kommen wir an ein paar Klippen[1] im Meer. Und auf einer dieser Klippen sitzt ein riesiger Drache. ›Chchchchch!‹, höre ich. ›Habt ihrrrrr wiederrrrr was fürrrrr michchchchch?‹

›Haben wir!‹, ruft der Kapitän. ›Heute ist's ein besonders hübsches kleines Mädchen!‹

›Sssssssso?‹, zischt der Drache. ›Und was wollt ihrrr dafürr haben?‹

›Dasselbe wie immer‹, antwortet der Kapitän. ›Echten Kummerländer Rum.‹

Dann geht alles sehr schnell und die Piraten sind weg. Der Drache nimmt meinen Käfig und bringt mich in sein Haus. Wir sind jeden Tag von morgens bis abends in der Schule. Immer schreit der Drache und straft uns mit dem Stock. Eines Nachts schaffe ich es: Meine Flaschenpost fällt durchs Fensterloch in den Fluss. Dann warte ich Tag für Tag – und jetzt sind wir hier.«

»Eines weiß ich jetzt genau«, sagt Jim, »in die Schule will ich nicht gehen! Nie! Dazu hab ich keine Lust.«

Li Si sieht ihn von der Seite an und fragt: »Ach, dann willst du nicht lesen und schreiben lernen?«

»Nein«, antwortet Jim. »Ich brauch's ja auch nicht.«

»Nein?«, fragt die kleine Prinzessin, »und wenn man zum Beispiel eine Flaschenpost schreiben muss?«

Da hat Li Si vielleicht recht. Doch bald schon sehen die Reisenden in der Ferne etwas: Die tausend Dächer von Ping.

 Übungen

1 **die Klippe:** Steine im Meerwasser, gefährlich für Schiffe

Vierundzwanzigstes Kapitel
in dem die Reisenden ganz verschieden frühstücken

Bald sind sie an Land. Auch der Drache kommt müde aus dem Wasser. Ein Polizist sieht sie. In kürzester Zeit weiß jeder in Ping, was noch diesen Morgen passieren soll. Schnell sind alle Straßen mit Blumen geschmückt[1].

In Emmas Führerhäuschen stehen Lukas und Jim und grüßen aus den Fenstern nach links und rechts. Auf dem Dach sitzen die Kinder und in ihrer Mitte steht Li Si, die kleine Prinzessin.

Der Platz vor dem Palast ist voll von Leuten. Endlich kommt Emma vor den neunundneunzig Silberstufen an. Oben springt die große Holztür auf und der Kaiser läuft die Treppe herunter. Hinter ihm läuft Ping Pong.

»Li Si!«, ruft der Kaiser. »Meine liebe, kleine Li Si!«

»Vater!«, antwortet Li Si und springt einfach von dem Dach der Lokomotive in die Arme des Kaisers.

Lukas und Jim begrüßen den kleinen Ping Pong. Er trägt jetzt einen kleinen goldenen Schlafrock. Ping Pong erklärt ihnen: »Ich bin jetzt Oberbonze des Kaisers!«, und die beiden Freunde gratulieren ihm herzlich.

Der Kaiser gibt allen die Hände und sagt: »Jetzt kommt erst einmal herein, meine Lieben!«

»Hoch! Hoch!«, rufen viele tausend Mandalanier.

Sechs starke Männer kommen mit einem riesigen Käfig für den Drachen. Lukas geht mit Jim und den anderen Kindern, dem Kaiser und der kleinen Prinzessin in den Palast.

---

1 **schmücken:** dekorieren, alles schön machen

Glücklich setzen sich der Kaiser und Li Si mit ihren Gästen zum Frühstück. Jedes Kind bekommt das, was es bei ihm zu Hause gibt. Jim und Lukas essen sich an frischen Butterbroten satt. Und zum ersten Mal seit langer Zeit isst auch der Kaiser wieder.

Dann meint Lukas: »Ich denke, Leute, wir legen uns jetzt alle für eine Weile aufs Ohr.«

Alle finden die Idee gut.

»Nur noch eine Frage, meine Freunde«, sagt der Kaiser. »Habt ihr Lust ein paar Wochen bei uns zu Gast zu bleiben? Oder wollt ihr vielleicht lieber sofort in eure Heimatländer fahren?«

»Ach, bitte«, antwortet der kleine Indianer, »ich möchte lieber schnell nach Hause.«

»Ich auch! Ich auch!«, rufen die anderen Kinder.

»Gut«, meint der Kaiser, »ich verstehe euch. Mein Oberbonze Ping Pong kümmert sich um euch.«

»Danke!«, sagt der kleine Indianer.

Dann gehen alle schlafen. Die beiden Freunde haben natürlich ein Zimmer zusammen. Jim legt sich ins Bett und schläft sofort ein. Lukas aber sitzt da und denkt nach. Was soll aus ihm und Jim werden? Sie beide können nicht einfach nach Lummerland zurückgehen. Lummerland ist ja nicht größer geworden. Sollen sie die dicke, alte Emma hier in Mandala lassen und nur zu zweit zu ihrer Insel zurückfahren? Nein! Vielleicht findet der Kaiser es in Ordnung, dass sie hier bleiben und eine Eisenbahnlinie quer durch Mandala legen? Auch traurig, so weit weg von zu Hause. Lukas steht auf und geht leise aus dem Zimmer.

Er will mit dem Kaiser sprechen. Er findet ihn auf der Terrasse.

»Entschuldigung, Majestät«, sagt Lukas.

»Mein lieber Lukas«, ruft der Kaiser, »schön, dass wir uns einmal allein unterhalten können.«

»Das möchte ich auch«, antwortet Lukas.

»Wie Sie wissen«, beginnt der Kaiser, »soll meine Tochter den heiraten, der sie aus der Drachenstadt befreit hat.«

»Ja, Majestät«, antwortet Lukas.

»Aber nun seid ihr ja zwei. Wer von euch beiden heiratet jetzt meine Tochter?«, fragt der Kaiser.

»Jim Knopf natürlich«, sagte Lukas. »Jim hat Li Si befreit. Ich und Emma, wir haben ihm nur geholfen.«

»Sehr gut!«, sagt der Kaiser, »natürlich sollen sie sich erst einmal verloben[1]. Aber sagen Sie, lieber Lukas, wie kann ich mich denn bei Ihnen bedanken?«

»Majestät, bitte lassen Sie mich eine Eisenbahnlinie durch Mandala bauen.«

»Mein verehrter Freund«, sagt der Kaiser, »ich danke Ihnen, dass Sie bei uns bleiben wollen. Ich lasse sofort mit den Arbeiten beginnen!«

»Danke schön, das ist sehr nett von Ihnen«, antwortet Lukas.

 **Übungen**

---

1 **sich verloben:** sich offiziell sagen: „wir heiraten" (später)

Fünfundzwanzigstes Kapitel
in dem Frau Mahlzahn sich verabschiedet[1] und ein
Brief ankommt

Gegen Mittag, Lukas und Jim schlafen noch, klopft es laut
an die Tür. Vor der Tür steht Ping Pong.
»Einen schönen Gruß vom Drachen und er sagt, er will
euch noch etwas sagen. Ich glaube, er … er … Ich glaube,
er stirbt.«
»Er stirbt? Schnell, Jim!«
Sie laufen mit Ping Pong in den Garten des Palastes.
Hier liegt der Drache in seinem Käfig. Er hat die Augen
geschlossen.
»Na, was gibt's denn?«, fragt Lukas.
Der Drache öffnet langsam seine kleinen Augen.
»Danke, dass ihr hier seid«, murmelt er mit schwacher
Stimme. »Ich bin so schrecklich müde – so schrecklich
müde.«
Lukas fragt laut: »Sagen Sie, Frau Mahlzahn, Sie sterben
doch nicht?«
»Nein«, antwortet der Drache freundlich. »Ich will euch
nur danke sagen.«
»Wofür denn?«, fragt Lukas verwundert.
»Wer einen Drachen besiegt, ihn aber nicht tötet, hilft ihm.
Dann kann der Drache sich verwandeln[2]. Niemand, der
böse ist, ist dabei besonders glücklich, müsst ihr wissen.

---

1 **sich verabschieden:** „Auf Wiedersehen" sagen
2 **verwandeln:** transformieren; zu etw. anderem werden

Und wir Drachen sind eigentlich nur deshalb so böse, weil dann vielleicht jemand kommt und uns besiegt[1].«

Der Drache schließt die Augen. Nach einer Weile sagt er: »Wir Drachen wissen sehr viel. Aber erst muss uns jemand besiegen. Bis zu diesem Moment sind wir böse, sehr böse – so wie ich zu den Kindern. Nach der Verwandlung aber heißen wir ›Goldener Drache der Weisheit[2]‹ und man kann uns alles fragen, wir wissen alle Geheimnisse.«

Er sagt sehr lange nichts mehr. Dann spricht er weiter: »Jetzt bin ich sterbensmüde. Ich muss schlafen. Ein Jahr lang. Dann, wenn ich aufwache, bin ich ein ›Goldener Drache der Weisheit‹. Dann kommt zu mir und fragt mich, was ihr wollt. Ich will euch aber schon jetzt einen Gefallen tun, weil ich euch so dankbar bin. Ein wenig von der großen Weisheit habe ich nämlich schon. Wenn ihr also etwas wissen wollt, dann fragt mich. Aber schnell, es bleibt wenig Zeit.«

Lukas denkt nach. Dann fragt er: »Emma, die Lokomotive, Jim Knopf und ich, wir sind hier, weil für einen von uns in Lummerland kein Platz mehr ist. Was sollen wir tun? Wir möchten gern zurück!«

Erst sagt der Drache nichts. Aber dann antwortet er ganz leise: »Fahrt morgen genau bei Sonnenaufgang in Richtung Lummerland los. Am zweiten Tag eurer Heimreise seht ihr dann um zwölf Uhr mittags eine schwimmende Insel. Ihr dürft aber nicht zu spät kommen … «

---

1 **besiegen:** gegen jmdn. gewinnen
2 **die Weisheit:** hat jmd., der lange gelebt, viel gesehen, gelernt und nachgedacht hat

»Mehr … kann ich nicht …«, flüstert der Drache. »Es tut mir leid … jetzt …«

Er schläft.

»Da ist nichts mehr zu machen«, sagt Lukas leise.

»Wir wollen zum Kaiser gehen und ihm alles erzählen!«, meint Ping Pong. Dann geht er weg. Jim und Lukas folgen ihm. Der Kaiser hört, was sie sagen.

»Sehr geheimnisvoll«, findet er.

»Können wir also morgen früh in Richtung Lummerland fahren?«, fragt Lukas.

»Ich fahre mit!«, sagt der Kaiser.

Doch in diesem Augenblick ruft Ping Pong: »Ach nein! Da liegt ja seit drei Tagen ein Brief für die beiden ehrenwerten Lokomotivführer! Ein Brief aus Lummerland!«

Schnell läuft er fort und kommt bald mit einem sehr dicken Brief zurück. Lukas macht ihn auf und liest laut:

»Lieber Lukas der Lokomotivführer! Lieber Jim Knopf! Durch Euren Brief wissen wir ja Gott sei Dank endlich, wo Ihr seid. Ihr wart ja eines Tages einfach weg. Glaubt mir, das ganze Volk von Lummerland war sehr traurig. Ich bitte Euch alle drei zurück zu kommen. Wir sind Euch gar nicht böse und hoffen nur, dass auch Ihr uns nicht mehr böse seid. Wir finden schon einen Weg. Also kommt bald! der König von Lummerland.«

»Lukas!«, sagt Jim mit großen Augen. »Das heißt …«

»Augenblick!«, sagt Lukas. »Es geht noch weiter.«

Er liest weiter: »Mein lieber kleiner Jim! Lieber Lukas! Wir sind alle schrecklich traurig. Ach Jim, du hast ja nicht einmal ein paar warme Socken[1] bei dir. Komm schnell

---

1 **die Socken:** Kleidung für die Füße aus Stoff oder Wolle

zurück zu Deiner Frau Waas. Ich mache mir schreckliche Sorgen.

PS: Lieber Lukas! Jetzt weiß Jim also, dass ich nicht seine wirkliche Mutter bin. Ich bin sehr traurig, aber ich freue mich für meinen kleinen Jim, wenn er jetzt seine richtige Mama findet. Ich hoffe, ich kann ihn noch einmal sehen. Vielleicht kann er mich ja besuchen? Herzliche Grüße! Frau Waas.«

Jim möchte weinen, aber tut es nicht. Er fragt: »Jetzt könnten wir doch eigentlich morgen früh losfahren?«

»Natürlich!«, erwidert der Kaiser. »Sie beide, meine Tochter Li Si und ich selbst.«

»Donnerwetter!«, ruft Lukas. »Das wird ja voll auf Lummerland!«

Dann fragt er Ping Pong: »Können wir morgen früh in See stechen¹?«

»Natürlich«, piepst der Oberbonze.

 **Übungen**

Sechsundzwanzigstes Kapitel
in dem die Kinder Abschied nehmen und eine Insel eingefangen² wird

Zum Nachmittagstee essen noch einmal alle zusammen. Dann fahren sie zum Hafen³. Jim und Lukas natürlich

---

1 **in See stechen:** mit dem Schiff losfahren; den Weg über das Wasser beginnen
2 **einfangen:** etw. finden und festhalten / festmachen
3 **der Hafen:** da sind die Schiffe, wenn sie nicht auf dem Wasser fahren

auf Emma. Zwei große Segelschiffe liegen im Hafen. Am Abend soll eines mit den Kindern wegfahren und sie in ihre Heimatländer bringen. Das andere Schiff ist noch viel schöner als das erste. Es ist das Staatsschiff, das am nächsten Morgen nach Lummerland fahren soll.

Der Kaiser ruft seine kleinen Gäste zusammen und sagt: »Meine lieben Freunde und Freundinnen! Grüßt eure Eltern, Verwandten und Freunde von mir und schreibt bald. Und wenn ihr Lust habt, dann besucht mich doch bald einmal wieder. Lebt wohl, meine Lieben!«

Dann spricht Lukas: »Tja, Leute«, sagt er, »tut mir leid, dass wir uns schon wieder trennen[1] müssen, aber es ist ja nicht für immer.«

»Bestimmt nicht!«, ruft der kleine Indianerjunge.

Jedes Kind sagt Jim und Lukas noch einmal danke und natürlich auch bei der guten dicken Emma und beim Kaiser von Mandala für seine Freundlichkeit. Dann gehen die Kinder unter Führung des Kapitäns auf ihr Schiff. Langsam fährt es auf das nächtliche Meer hinaus und ist bald nicht mehr zu sehen.

»Es scheint mir das Beste«, meint der Kaiser, »wenn wir heute Nacht an Bord unseres Schiffes schlafen. Beim Frühstück sind wir dann schon weit draußen auf dem Meer.«

Die beiden Freunde und die kleine Prinzessin finden das natürlich gut.

»Dann wollen wir jetzt Ping Pong, meinem Oberbonzen, auf Wiedersehen sagen«, meint der Kaiser.

»Ja, fährt er denn nicht mit?«, fragt Jim.

---

1 **sich trennen:** voneinander weggehen

»Das geht leider nicht«, antwortet der Kaiser. »Ping Pong muss hierbleiben, wenn ich nicht da bin. Er kann ja ein anderes Mal nach Lummerland fahren. Jetzt soll er für mich regieren.«

Jim nimmt die kleine Hand und sagt: »Besuch uns auch bald mal, Ping Pong!«

»Sehr gern«, murmelt Ping Pong, der sehr müde ist.

Dann gehen die beiden Freunde mit Li Si und dem Kaiser auf ihr Schiff. Emma steht hinten auf dem Schiff. Die beiden Freunde wünschen dem Kaiser und Li Si eine gute Nacht und legen sich schlafen.

Am nächsten Morgen schwimmt das Schiff schon weit draußen auf dem Meer. Jim und Lukas erklären dem Kapitän die Sache mit der schwimmenden Insel, die sie am zweiten Tag pünktlich um zwölf Uhr mittags treffen sollen.

Der Kapitän ist verwundert: »Woher wisst ihr so genau, dass morgen Mittag eine vorbeikommt?«

Die beiden Freunde sagen es ihm. Der Kapitän murmelt nur: »Von einem Drachen. Ach so.«

Am nächsten Tag kurz vor zwölf Uhr mittags, die vier sitzen gerade beim Essen, da ruft plötzlich der Matrose[1] hoch oben im Mastkorb: »Laaaaaand in Sicht!«

Alle springen auf und laufen nach vorne.

»Eine Insel!«, schreit Jim aufgeregt. »Da – eine ganz kleine Insel!«

»Was machen wir denn mit dem Ding?«, fragt der Kapitän.

»Habt ihr vielleicht Ketten?«, fragt Lukas.

»Haben wir!«, ruft der Kapitän zurück. Die Matrosen hängen die Insel mit Ketten ans Schiff.

1 **der Matrose:** Seemann

Sie ist noch etwas kleiner als Lummerland, aber vielleicht auch hübscher. Grün ist sie, es gibt verschiedene Bäume. Natürlich gibt es auch eine Menge wunderschöner Blumen und bunter Vögel.

»Man kann ein paar schöne Tunnel bauen«, sagt Lukas. »Was meinst du, Jim? Es soll ja deine Insel werden.«

»Tunnel?«, sagt Jim. »Aber ich hab ja noch nicht einmal eine Lokomotive.«

»Willst du denn immer noch Lokomotivführer werden?«, fragt Lukas.

»Natürlich«, antwortet Jim. »Was denn sonst?«

 Übungen

Siebenundzwanzigstes Kapitel
in dem Verlobung gefeiert wird und dieses Buch mit einer freudigen Überraschung¹ endet

Ein paar Tage später, gegen sieben Uhr, kommt Frau Waas aus der Tür ihres Kaufladens. Herr Ärmel schaut aus dem Fenster seines Hauses, denn er muss ja wissen, wie das Wetter ist. Da sehen beide gleichzeitig das riesige Schiff neben Lummerland im Meer liegen.

»Was ist denn das?«, fragt Frau Waas.

»Leider weiß ich das auch nicht«, antwortet Herr Ärmel.

Da hört man vom Schiff her einen Freudenschrei und dann springt Jim an Land.

»Frau Waas!«, schreit er.

---

1 **die Überraschung:** etw., was man vorher nicht weiß

»Jim!«, ruft Frau Waas.

Und dann fliegt Jim in ihre Arme.

Jetzt kommen auch Lukas und Li Si und der Kaiser an Land und endlich sitzt sogar Emma wieder auf ihren alten Gleisen.

Herr Ärmel versteht endlich, wer da gekommen ist und läuft sofort zum Schloss. Er klopft laut an die Tür.

»Aber ja doch, ich komme ja schon! Was ist denn?«, hört man den König hinter der Tür.

»Majestät!«, ruft Herr Ärmel. »Entschuldigen Sie! Lukas der Lokomotivführer ist angekommen und Jim Knopf und ein kleines Mädchen und ein alter Herr und ein Schiff ist da mit einer Insel …«

Aber weiter kommt er nicht, denn in diesem Augenblick fliegt die Tür des Palastes auf und der König kommt heraus. Zusammen laufen sie zum Schiff. Das ist ein Begrüßen und Händeschütteln und Umarmen. Dann gehen sie in das Haus von Frau Waas zum Frühstücken. Das Frühstück dauert nicht lange, denn natürlich sind alle viel zu aufgeregt.

Die neue Insel liegt jetzt, von den Matrosen festgemacht, neben Lummerland. Mit einem Sprung ist man dort. Unter Jims Führung springen alle zusammen auf das neue Land. Sehr viel Platz ist nicht da, aber der wenige, der da ist, ist besonders hübsch.

»Das ist die Lösung!«, ruft der König immer wieder.

Dann gehen alle zusammen in die Küche von Frau Waas, wo Jim und Lukas von ihren Abenteuern[1] erzählen. Sie erzählen alles von Anfang an bis zu ihrer Rückkehr.

»Ach du lieber Himmel!«, ruft Frau Waas immer wieder. Noch jetzt hat sie Angst um ihren kleinen Jim. Aber zum Glück ist ja alles wieder gut. Und in vier Wochen soll die Verlobung von Prinzessin Li Si und Jim Knopf sein.

Der Kaiser und Li Si wohnen in diesen vier Wochen mit dem König zusammen in dem Schloss zwischen den beiden Gipfeln.

---

1 **das Abenteuer**: eine aufregende und gefährliche Reise / Aktion

Dann ist es so
weit. Der Tag der
Verlobung ist da.
Jim und Li Si geben
sich einen Kuss und
der König erklärt
im Namen der
Vereinigten Staaten
von Lummerland und
Neu-Lummerland die
beiden für verlobt.
Alle, auch der Kaiser
von Mandala rufen
zusammen: »Das
Brautpaar, es lebe
hoch! hoch! hoch!«
Frau Waas bringt
nicht nur Vanilleeis und Erdbeereis. Heute gibt es auch
Schokoladeneis.

das
Brautpaar

Die Verlobung

Jim geht ein wenig an den Strand spazieren und schaut
aufs Meer. Plötzlich legt sich eine Hand auf seine Schulter.
Es ist Lukas.

»Komm mal mit, Jim«, murmelt er geheimnisvoll.

»Was is'?«, fragt Jim.

»Du willst doch schon immer eine Lokomotive haben,
alter Junge.«, antwortet Lukas.

»Eine Lokomotive?«, fragt Jim und seine Augen werden
größer und größer. »Eine richtige Lokomotive?«

Lukas nimmt ihn an der Hand und führt ihn zu der kleinen
Bahnstation.

108

»Hörst du was?«, fragt er.

Jim lauscht. Er hört nur Emma. Aber da – noch ein anderes, ganz leises kurzes Zischen.

Lukas führt ihn zu Emmas Kohlentender und lässt ihn hineinschauen. Da sitzt eine ganz kleine Lokomotive. Sie rollt zu Jim hin.

»Für mich?«, fragt Jim.

»Für wen denn sonst?«, antwortet Lukas. »Sie wird bald größer. In ein paar Jahren ist sie so groß wie Emma. – Wie soll sie denn heißen?«

»Wie findest du Molly?«

»Das ist ein guter Lokomotivenname«, antwortet Lukas.

Jim setzt Molly wieder in den Tender und geht mit Lukas zu den anderen zurück.

Ein paar Tage später fahren der Kaiser und die kleine Prinzessin nach Mandala zurück. Li Si will gern wieder in eine Schule gehen – in eine richtige. Und so etwas gibt es ja auf Lummerland nicht. Aber von heute an fährt das Staatsschiff oft zwischen Lummerland und Mandala hin und her.

Auf Lummerland ist das Leben friedlich wie früher. Herr Ärmel geht mit seinem Hut auf dem Kopf und dem Regenschirm unter dem Arm spazieren.

Lukas fährt mit Emma von einem Ende der Insel zum anderen. Und manchmal pfeifen sie zweistimmig.

Jim kümmert sich natürlich meistens um seine kleine Molly. Er wird langsam erwachsen.

An schönen Abenden aber sieht man Jim und Lukas an der Landesgrenze sitzen. Die Sonne geht unter und sie schauen in die Ferne. Dann sagt vielleicht der eine von ihnen: »Weißt du noch, bei Herrn Tur Tur? Wie es ihm jetzt wohl geht?«

Der andere antwortet: »Und unsere Fahrt durch die Region der ›Schwarzen Felsen‹? Durch den ›Mund des Todes‹?«

Und beide wollen bald wieder eine große Fahrt machen. Es gibt noch so viele fremde Länder, die sie kennenlernen wollen …

Und woher die Seeräuber Jim Knopf hatten, wissen sie ja auch noch nicht. Da müssen die beiden Freunde die wilden Dreizehn erst suchen und besiegen. Und so machen sie Pläne und schauen auf das Meer hinaus.

 **Übungen**

Hintergrundinformationen
Michael Ende

Michel Ende war ein sehr bekannter und erfolgreicher[1] Kinder- und Jugendbuchautor. Seine Bücher gibt es in 45 Sprachen.

Michael Ende wurde 1929 in Garmisch-Partenkirchen geboren und lebte als Kind in München. Nach der Schulzeit wollte er gerne Theaterstücke schreiben, aber für ein Studium fehlte ihm das Geld.
1948 bis 1950 besuchte er eine Schauspielschule und arbeitete in den Jahren danach als Filmkritiker und Regisseur.

Sein erstes Buch „Jim Knopf und Lukas, der Lokomotivführer" schrieb er 1960. Das Buch bekam 1961 den Deutschen Jugendbuchpreis.
Es folgten weitere Kinder- und Jugendbücher, wie „Momo" (1973) oder „Die unendliche[2] Geschichte" (1979), die auch international erfolgreich waren und oft für Film, Fernsehen und Theater adaptiert wurden.

1995 starb Michael Ende nach langer Krankheit in Stuttgart.

---

1 **erfolgreich:** in etwas gut sein; hier: seine Bücher werden oft verkauft
2 **unendlich:** es gibt kein Ende, es hört nie auf

✐ Übungen zum Leseverstehen

● Erstes Kapitel
Wer macht was? Verbinde!

1 Emma

2 der König

3 Lukas

4 Herr Ärmel

5 Frau Waas

a eine Lokomotive fahren

b Lebensmittel verkaufen

c spazieren gehen

d regieren

e durch Kurven fahren

f telefonieren

g in der Bahnstation wohnen

● Zweites Kapitel
Was gibt es (✔) jetzt auf Lummerland, was nicht (✗)?

	✔	✗
1. eine Eisenbahn	○	○
2. eine alte Straße	○	○
3. ein Schloss	○	○
4. einen Laden	○	○
5. eine dritte Etage	○	○
6. eine Frau Waas	○	○
7. eine Frau Malzaan	○	○
8. ein schwarzes Kind	○	○
9. eine Hausnummer 133	○	○
10. ein Postbüro	○	○

Drittes Kapitel
Streiche den Namen, der nicht passt.

1. Jim
   Emma
   soll weg, sagt der König.

2. Frau Waas
   Lukas
   misst Jim einmal im Monat.

3. Herr Ärmel
   Lukas
   will nicht ohne Emma leben.

4. Jim
   Der König
   schläft auf dem Kohlentender.

5. Jim
   Herr Ärmel
   will mit Lukas und Emma fortgehen.

6. Jim
   Lukas
   kann nicht schreiben.

Viertes Kapitel
Momente. Bring die Sätze in die richtige Reihenfolge.

◯ **A** Frau Waas findet Jims Müdigkeit komisch.

◯ **B** Jim schläft ein.

◯ **C** Jim zeichnet einen Brief an Frau Waas.

◯ **D** Lukas und Jim lachen wieder.

◯ **E** Jim sieht Lukas auf der Lokomotive sitzen.

◯ **F** Jim wird wach.

◯ **G** Lukas und Jim sind traurig.

◯ **H** Lukas ist froh, dass Jim da ist.

◯ **I** Frau Waas gibt Jim einen Gutenachtkuss.

◯ **J** Jim sagt: „Ich bin müde".

● Fünftes Kapitel

Die Reise. Was stimmt (✔), was stimmt nicht (✗)?

	✔	✗
1. Lukas und Jim kommen in einen Sturm.	◯	◯
2. Die Reise ist ruhig.	◯	◯
3. Sie wissen nicht, wo sie hinfahren.	◯	◯
4. Die beiden essen Butterbrote.	◯	◯
5. Sie haben Spiele dabei.	◯	◯
6. Sie schlafen oben auf der Lokomotive.	◯	◯
7. Eines Morgens sieht Lukas ein sehr schönes Land. Jim schläft noch.	◯	◯
8. Sie sehen ein rot-weißes Gebirge.	◯	◯
9. Es gibt Brücken aus Porzellan in dem Land.	◯	◯

● Sechstes Kapitel

Mandala. Was gibt es, was nicht? Verbinde richtige und streiche falsche Antworten.

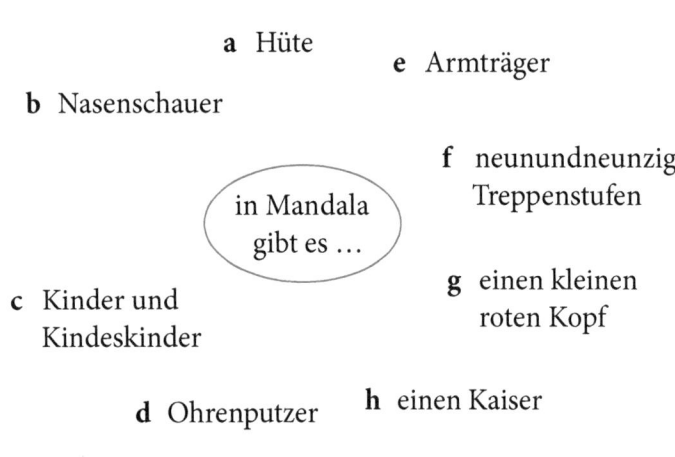

a Hüte

b Nasenschauer

e Armträger

f neunundneunzig Treppenstufen

in Mandala gibt es …

c Kinder und Kindeskinder

g einen kleinen roten Kopf

d Ohrenputzer

h einen Kaiser

Siebentes Kapitel
Ping Pong. Streiche, was nicht passt.

1. Ping Pong ist
   a mittelgroß.
   b vielleicht so groß wie eine Hand.

2. Ping Pong
   a weiß nichts vom Hunger der beiden.
   b hört Jim und Lukas' Bäuche singen.

3. Ping Pong bringt
   a einen kleinen Tisch
   b einen Tisch und Stühle

4. Ping Pong will
   a Butterbrote
   b Moskitoaugen   bringen.

5. Ping Pong bringt
   a eine kaiserliche Reisplatte.
   b etwas, was man nicht essen kann.

Achtes Kapitel
Was passt? Setze die Wörter mit dem richtigen Artikel ein.

> der Drache * die Drachenstadt * die Küche * der Kaiser *
> die Lokomotive * der Oberkoch * der Platz * die
> Prinzessin

Das Abendessen hat Ping Pong aus _____ (1)
des kaiserlichen Palastes. Er ist nämlich ein Kindeskind
_____ (2) Schu Fu Lu Pi Plu. Ping Pong
möchte auch einmal mit _____ (3) fahren. Die
drei fahren zu _____ (4), der „die Mitte" heißt.
Dort erzählt Ping Pong: „Die Tochter des Kaisers lebt nun
in _____ (5)". _____ (6) ist sehr
traurig. Jim und Lukas wollen _____ (7) retten,
aber das wird nicht einfach. Lukas weiß nämlich nichts über
_____ (8).

Neuntes Kapitel

Wer ist wie? So ist es falsch! Verbinde die Adjektive mit den richtigen Sätzen.

1	Der Oberbonze ist	a	durchsichtig.
2	Der Kaiser ist	b	geheimnisvoll.
3	Die Bäume in Mandala sind	c	traurig.
4	Das Paket der wilden Dreizehn ist	d	freundlich.
5	Lummerland ist	e	uniformiert.
6	Der dicke Kopf ist	f	klein.
7	Die dreißig Wachsoldaten sind	g	sehr jung.
8	Ping Pong ist	h	ehrgeizig.

Zehntes Kapitel

Was ist richtig? Beantworte die Fragen.

1 **Wo sitzt Herr Pi Pa Po?**
 a in der Palastküche
 b in einem Palastzimmer
 c in einem Bonzenbüro

2 **Was fragen die Bonzen nicht?**
 a Wie alt sind Sie?
 b Woher kommen Sie?
 c Was wollen Sie hier?

3 **Was sagt Lukas nicht?**
 a Ich bin mit meiner Lokomotive gekommen.
 b Ich will zum Kaiser von Mandala.
 c Das ist mein Freund Jim Knopf.

4 **Was wollen die Oberbonzen sehen?**
 a einen Brief des Königs
 b die Papiere von Jim und Lukas
 c die Lokomotive

5 **Warum können Jim und Lukas nicht zum Kaiser? Was sagt der Bonze?**
 a Ohne Ausweis existieren sie nicht.
 b Der Kaiser will niemanden sehen.
 c Der Kaiser existiert nicht.

6 Was können die Freunde mit einem provisorischen Ausweis nicht?

- **a** Lokomotive fahren
- **b** Mandalanisch essen
- **c** Zum Kaiser

7 Was denkt der Oberbonze über Jim und Lukas?

- **a** „Das sind Spione!"
- **b** „Die sind nett, aber zum Kaiser lasse ich sie nicht".
- **c** „Ich muss sie zum Kaiser lassen, denn sie wollen die Prinzessin befreien".

8 Wer sieht plötzlich in das Zimmer hinein?

- **a** die Prinzessin
- **b** der Kaiser
- **c** Ping Pong

● Elftes Kapitel

Was liegt näher, was weiter weg von der Hauptstadt von Mandala?

das rot-weiße Gebirge * die große Wüste * das Westtor in der Mauer * der Tausend-Wunder-Wald * das Tal der Dämmerung

1 → Ping _____

2 → _____

3 → _____

4 → _____

5 → _____

6 → _____

● Zwölftes Kapitel

Sie fahren los. Was haben Lukas, Jim und Emma dann hinter, vor und bei sich? Trage in die Tabelle ein.

das Tal der Dämmerung * Kohle * die goldenen Dächer * das rot-weiße Gebirge * das Westtor * Butterbrote * Lummerland * Tee * Wasser * 99 Treppenstufen

hinter sich	bei sich	vor sich

● Dreizehntes Kapitel

Was macht das Echo? Was stimmt (✔), was nicht (✘)?

                                             ✔ ✘

1. Es wiederholt, was man sagt.   ○ ○
2. Es hört nie auf.   ○ ○
3. Es wird immer lauter.   ○ ○
4. Es ist eine Gefahr für Emma.   ○ ○
5. Es wird immer leiser.   ○ ○
6. Es lässt die Steinwände einstürzen.   ○ ○
7. Es wird vom Regen weggewaschen.   ○ ○
8. Es macht Jim Angst.   ○ ○

Vierzehntes Kapitel
Was passt? Verbinde.

1	Die Geier …	a	ist bald wieder repariert.
2	Lukas hat …	b	sind die Geier traurig, denn Emma funktioniert wieder.
3	In den Kessel …	c	kann Lukas nicht steigen, denn er ist zu dick.
4	Jim …	d	muss Jim die richtige Schraube öffnen.
5	Im Kessel …		
6	Emma …	e	einen neuen Taktierkolben dabei.
7	Lukas …	f	geht unter Wasser.
		g	warten auf Jim und Lukas.
8	Am Ende …	h	packt Jim in eine Decke.

Fünfzehntes Kapitel
Auf der Fahrt durch die Wüste: Was ist hier sicher eine Fata Morgana, was vielleicht nicht?

> **a** Jim Knopf * **b** Schokoladeneis * **c** ein Pinguin * **d** eine Oase * **e** Lummerland * **f** Emma * **g** ein Sandberg * **h** eine Palme * **i** ein Glas Saft * **j** ein Gebirge, das fliegt

sicher eine Fata Morgana	vielleicht keine Fata Morgana

Sechzehntes Kapitel
Definitionen. Welches Wort passt?

das Feuer * der Geier * die Hütte * der Kessel * der
Spiegel * der Werkzeugkasten

1. Vogel, lebt in der Wüste, wartet auf Tote. _____
2. Ein kleines Haus, in den Bergen oder für Hunde.

   _____
3. Die Instrumente zum Reparieren / für die Arbeit mit
   Maschinen, liegen darin. _____
4. In diesem geschlossenen Topf kocht man Wasser.

   _____
5. Gelb-orange und heiß. _____
6. Darin kann man sich selbst sehen.

Siebzehntes Kapitel
Scheinriese sein … Ergänze in der richtigen Form!

Angst machen * größer werden * keine Freunde haben *
die Oase * das Haus * das Fleisch

1. Was ist ein Scheinriese? Andere Menschen werden
   kleiner, wenn sie weggehen. Der Scheinriese aber

   _____.
2. Was ist sein Problem? Er _____ den anderen
   Menschen _____ und sie laufen weg.
3. Was sind die Konsequenzen? Er _____

   _____.

4. Wo wohnt er? Deshalb lebt er in der Wüste, in

   _____. Er hat _____ unter Palmen.

5. Und was noch? Er isst kein _____, sondern

   nur Obst und Gemüse.

● Achtzehntes Kapitel
Welche Gefahren gibt es in der Region der schwarzen Felsen? Kreuze an.

◯ 1. Man kann den Weg nicht sehen.

◯ 2. Links und rechts vom Weg kann man tief fallen.

◯ 3. Da leben Geier und es gibt kein Wasser.

◯ 4. Da ist es sehr kalt.

◯ 5. Emma findet den Weg nicht.

◯ 6. Es schneit plötzlich.

◯ 7. Der Mund des Todes.

◯ 8. Es ist sehr dunkel.

● Neunzehntes Kapitel
Ein Leben im Vulkan. Setze die fehlenden Wörter ein.

Halbdrache * Herd * Kohle * Nilpferd * Rauch * Weg

1. Was ist Nepomuks Mutter? Ein _____

2. Was ist deshalb Nepomuk? Ein _____

3. Was kommt zurzeit nicht aus seinem Vulkan?

   _____

4. Was repariert Lukas? Den _____ im Vulkan.

5. Was gibt Nepomuk ihnen mit? _____

6. Was erfahren Jim und Lukas von Nepomuk? Den

   _____ zur Drachenstadt.

● Zwanzigstes Kapitel
Bringe die Sätze in die richtige Reihenfolge.

◯ **A** »Du hast aber hübsche Augen!«

◯ **B** »Also mach, dass du weiterkommst!«

◯ **C** »Du dicke Drachenwurst!«

◯ **D** »Du gefällst mir.«

◯ **E** Im Dunkeln sehen sie zwei rote helle Augen, so groß wie Fußbälle.

◯ **F** Das Ungeheuer sitzt mitten auf dem Weg. Emma bleibt vor ihm stehen.

◯ **G** Der Drache spuckt böse grünes Feuer.

◯ **H** »Sag mir deine Adresse, dann hol ich dich später zu einem kleinen Spaziergang ab.«

● Einundzwanzigstes Kapitel
Regeln in der Drachenschule. Was stimmt (✔), was nicht (✗)? Kreuze an.

	✔	✗
1. Ein Kind weiß etwas nicht. Dann bekommt es eine Strafe.	◯	◯
2. Die Kinder dürfen Fragen stellen und alle diskutieren zusammen.	◯	◯
3. Die Kinder sitzen in Ketten auf ihren Plätzen. Nur die Lehrerin stellt Fragen.	◯	◯
4. Der Lehrerin gefällt nicht, was ein Kind sagt. Dann bekommt es eine Strafe.	◯	◯
5. Die Kinder können nach Hause gehen.	◯	◯
6. Abends dürfen die Kinder am Fenster sitzen und auf den Fluss schauen.	◯	◯
7. Die Kinder haben harte Betten aus Stein.	◯	◯

Zweiundzwanzigstes und dreiundzwanzigstes Kapitel
Welcher Titel passt zu welchem Text und wie ist die richtige Reihenfolge?

> Li Si und die Wilde Dreizehn * Frau Mahlzahn kann nicht weg * Auf dem Piratenschiff * Li Si und Frau Mahlzahn * Eine Fahrt im Dunkeln

A _____ ◯
Frau Malzahn muss hinter Emma schwimmen. Denn sie hängt an einer Kette an der Lokomotive.

B _____ ◯
Li Si erzählt von den Piraten: Sie war am Meer und ist da alleine spazieren gegangen. Da kam das Piratenschiff.

C _____ ◯
Die Piraten stecken mich in einen Käfig. Der Käfig hängt an einem Mast. Abends sitzen sie da und singen ihr Lied.

D _____ ◯
Sie fahren durch ein Felsentor. Es geht nach unten. Alles ist dunkel, aber bald wird der Fluss langsamer. Wie lange sie so fahren, wissen sie nicht. Dann kommen sie wieder durch ein Felsentor und sind in Mandala.

E _____ ◯
Sie bringen mich zu diesem Drachen und bekommen Rum. Dann sind sie weg. Jetzt gehöre ich Frau Malzahn und muss in ihre schreckliche Schule.

⬤ Vierundzwanzigstes Kapitel
Welche Antwort ist richtig?

1 Wer sieht Jim, Lukas, die Kinder und Li Si als erster?
   a der Kaiser
   b ein Polizist

2 Was essen Jim und Lukas?
   a Butterbrote
   b Moskitoaugensalat

3 Welche Frage stellt sich Lukas?
   a Was soll Jim im Leben machen?
   b Soll ich in Mandala bleiben?

4 Welche Frage stellt sich der Kaiser?
   a Wer soll die Prinzessin heiraten?
   b Sollen die Kinder in Mandala bleiben?

● Fünfundzwanzigstes Kapitel
Was sagt der Drache?

> **A** Nett von euch: Ihr habt mich nicht getötet. Böse sein ist nicht schön, aber jemand muss uns besiegen und uns am Leben lassen. Dann werden wir Drachen größer. Ich will euch aber einen Tipp geben: Fahrt morgen um 8 Uhr los, dann findet ihr im Meer eine Insel. Auf der könnte ihr bleiben.

> **B** Nett von euch: Ihr habt mich nicht getötet. Böse sein ist nicht schön, aber jemand muss uns besiegen und uns am Leben lassen. Dann werden wir Drachen gut. Ich will euch aber einen Tipp geben: Fahrt morgen um 6 Uhr los, dann findet ihr im Meer eine Insel, die schwimmt. Die könnt ihr nach Lummerland mitnehmen.

● Sechsundzwanzigstes Kapitel
Wer sagt was? Verbinde.

1 „Bestimmt sehen wir uns bald wieder!"

2 „Land in Sicht!"

3 „Wir trennen uns nicht für immer!"

4 „Besuch uns bald einmal!"

5 „Wir haben Ketten für die Insel!"

6 „Wenn ihr Lust habt, besucht mich einmal!"

a der Kapitän

b der Kaiser zu den Kindern

c Lukas zu den Kindern

d der Indianerjunge

e Jim zu Ping Pong

f ein Matrose

● Siebenundzwanzigstes Kapitel
Ergänze: Wer macht was?

> Lukas, der Lokomotivführer * Jim Knopf * Jim und
> Li Si * Frau Malzahn * Herr Tur Tur * Der König von
> Lummerland * Nepomuk * die Wilde Dreizehn * Frau
> Waas

1 _____ macht seine Arbeit auf Lummerland
weiter und ist zufrieden.

2 _____ verloben sich und auch wenn sie nach
Mandala zurückgeht, sehen sie sich oft.

3 _____ bekommt eine kleine Lokomotive für
sich allein. Er gibt ihr den Namen „Molly".

4 _____ regiert jetzt die Vereinigten Staaten von
Lummerland und Neu-Lummerland.

5 _____ darf noch immer nicht in die
Drachenstadt und lebt weiter in seinem Vulkan.

6 _____ lebt sicher immer noch allein in der
Wüste.

7 _____ schläft noch lange.

8 _____ ist der Oberbonze des Kaisers und lebt
weiter in Ping.

9 _____ singen Lieder auf ihrem Schiff und
fahren über das Meer.

10 _____ freut sich sehr, dass Jim nun wieder bei ihr
auf Lummerland und Neu-Lummerland lebt.

Lösungen

1. Kapitel: 1e, 2d+f, 3a+g, 4c, 5b

2. Kapitel: *es gibt:* 1, 3, 4, 6, 8; *es gibt nicht:* 2, 5, 7, 9, 10

3. Kapitel: richtig: 1 Emma, 2 Frau Waas, 3 Lukas, 4 Jim, 5 Jim, 6 Jim

4. Kapitel: 1J, 2A, 3I, 4B, 5F, 6C, 7E, 8H, 9G, 10D

5. Kapitel: ✔: 2, 3, 5, 8, 9; ✗: 1, 4, 6, 7

6. Kapitel: es gibt: a, c, d, f, h; es gibt nicht: b, e, g

7. Kapitel: richtig: 1b, 2b, 3a, 4b, 5a

8. Kapitel: 1 der Küche, 2 des Oberkochs, 3 der Lokomotive, 4 dem / einem Platz, 5 der Drachenstadt, 6 der Kaiser, 7 die Prinzessin, 8 (die) Drachen

9. Kapitel: 1h, 2c, 3a, 4b, 5f, 6d, 7e, 8g

10. Kapitel: 1b, 2a, 3a, 4b, 5a, 6c, 7a, 8c

11. Kapitel: 2 das Westtor in der Mauer, 3 der Tausend-Wunder-Wald, 4 das rot-weiße Gebirge, 5 das Tal der Dämmerung, 6 die große Wüste

12. Kapitel: *hinter sich:* die goldenen Dächer, Lummerland, 99 Treppenstufen; *bei sich:* Kohle, Wasser, Tee und Butterbrote; *vor sich:* das Tal der Dämmerung, das rot-weiße Gebirge, das Westtor

13. Kapitel: ✔: 1, 3, 6, 7, 8; ✗: 2, 4, 5

14. Kapitel: 1g, 2e, 3c, 4f, 5d, 6a, 7h, 8b

15. Kapitel: sicher: b, c, e, i, j; vllt. keine: a, d, f, g, h

16. Kapitel: 1 der Geier, 2 die Hütte, 3 der Werkzeugkasten, 4 der Kessel, 5 das Feuer, 6 der Spiegel

17. Kapitel: 1 wird größer, 2 macht … Angst, 3 hat keine Freunde, 4 einer Oase … ein Haus, 5 Fleisch

18. Kapitel: diese Gefahren gibt es: 1, 2, 4, 5, 8

19. Kapitel: 1 Nilpferd, 2 Halbdrache, 3 Rauch, 4 Herd, 5 Kohle, 6 Weg

20. Kapitel: 1E, 2F, 3A, 4D, 5H, 6C, 7G, 8B

21. Kapitel: ✔: 1, 3, 4, 7; ✘: 2, 5, 6

22. und 23. Kapitel: *Titel:* A Frau Mahlzahn kann nicht weg, D Eine Fahrt im Dunkeln, B Li Si und die Wilde Dreizehn, C Auf dem Piratenschiff, E Li Si und Frau Mahlzahn; *Reihenfolge:* 1A, 2D, 3B, 4C, 5E

24. Kapitel: 1a, 2a, 3b, 4a

25. Kapitel: richtig: B

26. Kapitel: 1d, 2f, 3c, 4e, 5a, 6b

27. Kapitel: 1 Lukas, der Lokomotivführer, 2 Jim und Li Si, 3 Jim Knopf, 4 der König von Lummerland, 5 Nepomuk, 6 Herr Tur Tur, 7 Frau Malzahn, 8 Ping Pong, 9 die Wilde Dreizehn, 10 Frau Waas